学校体育综合发展丛书

体育课课赛指导

160例

史红亮

张庆新

主编

教育科学出版社

·北京·

出 版 人 郑豪杰
责任编辑 刘 蕾
版式设计 思瑞博 吕 娟
责任校对 马明辉
责任印制 叶小峰

图书在版编目（CIP）数据

体育课课赛指导160例 / 史红亮，张庆新主编. —
北京：教育科学出版社，2023.12（2024.4重印）
（学校体育综合发展丛书）
ISBN 978-7-5191-3741-0

Ⅰ.①体… Ⅱ.①史… ②张… Ⅲ.①体育课—教案
（教育）—中小学 Ⅳ.①G633.962

中国国家版本馆CIP数据核字（2024）第004974号

学校体育综合发展丛书
体育课课赛指导160例
TIYU KEKESAI ZHIDAO 160 LI

出 版 发 行 教育科学出版社
社　　　址 北京·朝阳区安慧北里安园甲9号　　　邮　　编 100101
总编室电话 010-64981290　　　　　　　　　　编辑部电话 010-64989561
出版部电话 010-64989487　　　　　　　　　　市场部电话 010-64989009
传　　　真 010-64891796　　　　　　　　　　网　　址 http://www.esph.com.cn

经　　　销 各地新华书店
制　　　作 北京思瑞博企业策划有限公司
印　　　刷 北京联合互通彩色印刷有限公司
开　　　本 720毫米×1020毫米　1/16　　　版　　次 2023年12月第1版
印　　　张 12.5　　　　　　　　　　　　　　印　　次 2024年4月第2次印刷
字　　　数 174千　　　　　　　　　　　　　　定　　价 79.00元

图书出现印装质量问题，本社负责调换。

前言

百年大计，教育为本；教育大计，教师为本。2018 年，中共中央国务院印发了《关于全面深化新时代教师队伍建设改革的意见》(以下简称《意见》)，指出"教师承担着传播知识、传播思想、传播真理的历史使命，肩负着塑造灵魂、塑造生命、塑造人的时代重任""到 2035 年，教师综合素质、专业化水平和创新能力大幅提升，培养造就数以百万计的骨干教师、数以十万计的卓越教师、数以万计的教育家型教师"。为了贯彻《意见》要求，北京教育学院从 2018 年开始举办了一系列教师培训项目，"青蓝计划"就是其中的一个重要组成部分。

"青蓝计划"培训是针对教龄在十年左右、具有中高级以上职称、有较高发展潜质的优秀体育骨干教师进行的为期两年的培训，旨在对接未来社会、未来教育、未来体育的发展要求，提升和强化中小学教师的专业发展，凸显一专多能的教学特色，引领和带动青年教师的成长，强化骨干教师的责任意识，让这一阶段的教师实现更好的发展，不断超越自我，成为适应新时代发展要求的优秀体育教育人才，为北京市中小学体育教学的质量提升注入新的动力。

2018 年至今，"青蓝计划"第一期与第二期小学体育教师培训班已经分别完成两年的培训任务，顺利结业，培养的优秀体育骨干教师在工作中脱颖而出，成为学校、所在区乃至北京市具有影响力的优秀体育教师。"青蓝计划"小学体育教师培训项目组紧跟当前教育指向体育核心素养、遵循学生身心发展规律、加强一体化设置、促进学段衔接、落实"教会、勤练、常赛"、实施大单元教学的改革趋势，将培训主题设定为"基于项目特性创设真实情境的小学体育大单元教学"，力图在篮球、足球、排球和武术项目中实现教育改革思想的落地与实施。

培训期间，在首席专家史红亮老师和张庆新博士的带领下，参训教师观看了国内体育教育界知名学者有关学校体育教学改革与发展的专题讲座，并依托北京教育学院体育学科创新一级平台、"国培计划"全国小学体育教师培训、各省市小学体育教师委托培训、教育部—联合国儿童基金会"学校体育与体育教师培训项目"和其他各类培训项目，以及第一届北京市特级教师教学研讨活动、北京与成都锦江两地小学体育骨干教师在线联合研训、国培追踪指导活动，与全国多地教研部门共同进行线下和线上教研活动，使参训教师对于体育大单元教学有了明确且深刻的认识，对于"学、练、赛"一体化的教学模式有了全新的感受。参训教师在一次又一次的理念学习和实践操作中，不断修正和完善自己对于大单元教学的认知，逐渐把研究焦点集中在大单元教学中的"常赛"上。经过系统研究和实践，全体"青蓝计划"学员共同完成了《体育课课赛指导160例》一书。本书选取了篮球、足球、排球和武术四个在体育教学中普及度非常高的运动项目进行比赛设计。依据新课标要求，并考虑到不同年级之间课课赛的衔接要求，按照技术类型将课课赛按照"4+1"的形式进行了分类。其中，篮球、足球和排球的课课赛按照"四类核心技术 + 小赛季"的形式进行设置；武术课课赛按照"基本功 + 单一技术 + 组合技术 + 套路组合 + 小赛季"的形式进行设置。在三至六年级进阶的过程中，每种类型的比赛呈现出循序渐进、不断提高的特点，其最终目的是提供尽可能多的比赛形式，让教师在使用过程中有更多的选择。

本书共分为四部分，分别为基于项目特点的课课赛——篮球篇、足球篇、排球篇和武术篇。其中第一部分由史红亮、贾萌、郑甜、沙鹏、刘博、常一男、肖雷、孟凡革、赵剑申、班建龙等共同执笔。第二部分由史红亮、赵卫新、卢凯、翟曜、于振龙、刘宏伟、祁维佳、姜静洪、徐新月、张文、王淼、钟亮等共同执笔。第三部分由张庆新、秦治军、刘苏明、翟晓晨、刘洋、刘学亮、刘培宁、郭书华、易建斌等共同执笔。第四部分由张庆新、韩月仓、彭硕、袁杨、李思南、李燕、牛东芳、郑源源、史建等共同执笔。全书由史红亮、张庆新统稿。

本书在编写过程中，得到了北京教育学院各级领导的高度重视，得到了北京市各区教研员、正高级教师、特级教师与一线骨干教师的大力支持、积极配合与资源共享，在此表示感谢！由于时间和水平所限，此书在编写过程中难免存在缺陷和不足，恳请广大读者不吝赐教，提出宝贵意见，万分感谢！

编　者

目录

第一部分

小学篮球趣味课课赛 40 例

《义务教育体育与健康课程标准（2022 年版）》[以下简称《课程标准（2022 年版）》] 中提出的"健康第一""以体育人""综合育人"的理念，以及"体育与健康课程依据学生需求和兴趣爱好，面向全体学生，落实'教会、勤练、常赛'要求，注重'学、练、赛'一体化教学"等要求，为体育教学提供了理论指引。本部分围绕篮球项目的技战术特点，设计运、传、投、防、小赛季等多种类型的课课赛内容，以满足篮球教学需要，达到"常赛"的目的。通过课课赛，能够激发学生对篮球技战术的学习兴趣，使其身心健康、体魄强健、掌握技能、全面发展，达到享受乐趣、增强体质、健全人格、锤炼意志的目的。

一、理论依据

（一）围绕新课标，探索新思路

自《课程标准（2022 年版）》颁布以来，提升一线体育教师的课程设计能力已成为最迫切的需要。在以往的体育教学中，体育教师对于教学方法的选用和教学流程的实施很敏感，但是缺少结构化教学、大单元设计、深度学习等理念与教学实践相结合的意识。新课标要求各类专项运动技能的课程内容要涵盖基础知识与基本技能、技战术运用、体能、展示或比赛、规则与裁判方法、观赏与评价六个维度。对于开放式运动项目篮球来说，"比赛"是项目传承与发展的"灵魂"所在。而具体到小学篮球课的教学当中，更需要一线体育教师发挥自己的聪明才智，根据学生的年龄特点和身体、心理发展规律，设计出适合全体学生参与的"有条件限制的教学比赛"，创设基于实战比赛的情境化内容，从而以课程内容为载体，帮助学生实现体育与健康学科核心素养提升，发挥课程培根铸魂、启智增慧的作用。

（二）篮球项目特点分析

篮球项目是开放式运动项目，在开放和对抗情境中运用攻防技战术，能够帮助学生实现自我发展。同时它也是集体性竞技项目，比赛的双方队员同场竞技，攻守交错，以战胜对方为直接目的。篮球运动的主要特点是比赛结果的不确定性、应激反应的及时性、技能操控的复杂性、战术选择的针对性和有效性等。每类技术都有 9 个课课赛内容，在场地、距离、难度和规则上都做了规范的设置，并提供进阶比赛建议，让不同难度技术的课课赛更贴近真实的比赛情境，使学生在比赛对抗中理解规则、掌握规则，学习篮球项目文化礼仪，学会正确的观赏与评价方式，在不同的角色中体验完整的篮球项目特点。

（三）学情分析

课课赛教学以有一定篮球运动基础的学生为教学对象，以行进间运球、双手传接球、双手投篮等游戏为练习方法，学习运、传、投等单一技术动作的方法。游戏形式的缺陷就是容易使学生缺乏对篮球专业知识、场地认知、规则裁判法、礼仪文化、观赏与评价的认识，而进阶性、结构化的课课赛教学，对学生赛场意识的培养和训练、组合技术运用、规则理解和掌握、实战比赛技战术水平的提高都有很大益处。通过条件限制、区域限制，在课课赛中，强化传球时机的选择、无球掩护的跑动、团队防守的配合、传球主导进攻，提升战术意识、单一和组合技术水平，使学生能够运用所学技术完成实战比赛。

二、设计思路

（一）课课赛框架设计

在新一轮课程改革的背景下，本部分契合新课标理念，在"运球课课赛""传接球课课赛""投篮课课赛""防守课课赛""小赛季"各版块的内容中，针对篮球项目集体性、竞争性、多变性等特点，以实战比赛的情境创设为理念，创编了各主题下符合三至六年级学生认知水平、易于参与的比赛游戏，为一线体育教师进行篮球课程整体设计提供一个个具体的、鲜活的案例，为落实新课程、在小学篮球课中构建"学、练、赛"一体化课程模式提供理念指引和方法借鉴。

（二）课课赛技术分类与进阶

本部分依据新课标，设计运球、传接球、投篮、防守、小赛季五大类比赛，共计 40 课时。每类比赛依据从单一技术到组合技术、从原地技术到行进间技术、从有球技术到无球技术、从无对抗到有对抗、从简单情境到复杂情境的设计理念进行课时安排。将课课赛案例纵向进阶设置，并横向组合，即可作为大单元教学设计中的比赛内容。例如，运球能手（高低、变向运球）、眼疾手快（1对1运球抢断）、抢夺先机（运球对抗）、穿越火线（运球快速推进）、渔翁钓鱼（急停急起运球）、迎难而上（直线＋变向运球全场推进）、攻守平衡（1对1全场运球对抗）、半场突围（前场1对1运球对抗）、多点开花（前场1对1运球对抗＋投篮）这一系列课课赛，可作为水平二某一年级的大单元教学比赛内容。

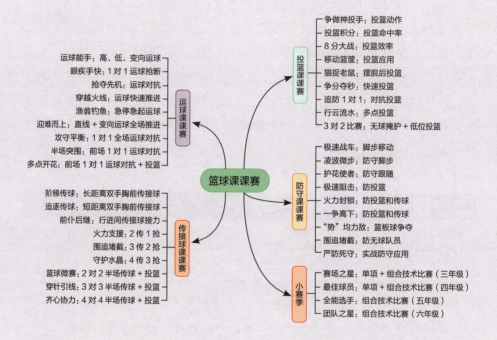

（三）篮球课课赛的设计思路及特色

"运球课课赛"的内容更加侧重比赛形式的多样性和进阶性。普遍来说，运球技术是学生最为熟悉的技术之一，也是比赛中运用最多的技术，在日常的篮球课堂教学中最为常见。对于如何通过比赛情境的创设和比赛时任务难度的进阶，使学生在进攻、防守不同情境的转换中合理使用运球技术，在与同伴的配合中自由切换技战术，在对抗下能够具备一定的对抗性运球能力，本部分从如何精准设计、组织与实施等方面进行了规范的梳理和撰写。

"传接球课课赛"的内容更加侧重基础技战术的融合，强调简单技战术的运用。在比赛内容的设计上，以往教师更关注传球技术动作的规范性和准确性，根据新课标，篮球教学更需要关注学生赛场意识的培养和思维品质的训练，这也促使教师今后在篮球比赛活动设计上要更多地考虑技术（运、传、投）组合运用，更加关注实战比赛情境下有目标、有策略、有方法的传接球配合练习，让传接球技术能够真正成为组织进攻的纽带，成为学生在篮球比赛中能够熟练运用的关键技术。

"投篮课课赛"的内容更加侧重学生的主体性及评价的综合性。实施组织进攻战术后投篮得分是篮球比赛的最终目的。本部分创编的投篮比赛更加关注学生的自主学练，以及根据自身特点对投篮距离、位置和角度的选择，更加重视学生与同伴开展合作学习和探究学习，关注学生在有防守的情况下如何选择投篮时机，在团队配合中如何形成空位投篮，把真实比赛情境中的策略和方法提供给学生。在给予学生评价和反馈时不聚焦于某一个队员，而是聚焦学生核心素养水平提升，针对进攻方的一次完整进攻进行多维评价，制订明确、具体、可操作的量化标准，为教师有效激励学生、促进学生可持续发展指明方向。

"防守课课赛"和"小赛季"的设计保证了本部分内容结构的完整性。在以往教学中，教师很容易忽视在有限定条件防守的情境下组织学生参与比赛，学生在篮球课上很少有时间参与比赛方法、规则、流程明确的比赛。此外，学生在参与篮球比赛的过程中体验不同角色（防守队员、裁判员、记录员、文化宣传员）也是比赛的一部分，更是篮球文化的正确体现。

三、实施建议

篮球课课赛是基于篮球项目特点设置的，各类比赛的内容结合了大单元教学计划，并能横向配合篮球教学中的各部分内容。教师可根据教学内容选择合适的课课赛，引导学生享受比赛，通过判定胜负让学生体验完整的比赛程序，逐渐形成课课有比赛的教学模式。教师可以用课课赛的方式帮助学生提升体能与专项运动技能，发展学生的比赛能力，培养学生的体育精神、体育道德和体育品格，达到健全人格的目的。

（一）运球课课赛

在原地基础运球比赛中，可以根据学生实际情况降低难度或者进阶练习，比如将运球比多改为看看谁的失误更少；要求学生在增加运球次数的同时观察教师做出的裁判手势，并正确大声读出手势含义；移动运球可以进阶为左右手运球；进行对抗性运球时可以先把球换成手帕别在腰间进行比赛等。

（二）传接球课课赛

根据学生的力量发展及技术掌握情况，可以通过缩短传球距离降低比赛难度。进阶比赛可以变换传球方式，如体侧单手传球、双手头上传球、击地传球等，或者通过增加防守队员和增加投篮来提高难度。

（三）投篮课课赛

根据学生水平，初学时可以通过调整投篮距离和角度来增加投篮命中率，进阶比赛可以在投篮之前增加持球三威胁、有球移动、无球摆脱等技术。

（四）防守课课赛

建议先从防守脚步类的小比赛开始，可以随时变换防守脚步，通过改变距离、时间等要素变换比赛方式。进阶之后要配合手上动作进行比赛，教师适时教授进攻假动作的识别和防守位置的选择。最后，教师结合比赛情境教授对于篮板球的保护和无球队员的防守。

（五）小赛季

建议由单项技术比赛进阶到技战术动作组合比赛，由一人或两人的攻防比赛进阶到半场或全场的对抗赛。单项技术比赛可以通过调整投篮距离，增加比赛时间等方式提升难度；对抗比赛可以由消极防守、限制区域防守、少人防守逐渐进阶到常规防守强度。

课课赛遵循精简多练的原则，具有多样性、趣味性、补偿性和整合性的特点，它把基本教学部分中未能提及的体育知识，鲜活地呈现在了课堂上。课课赛把更多时间留给学生来体验运动乐趣，让运动技能回归比赛，让学生尽早体验多种篮球技能之间的关联和"化学反应"，参与并体会篮球运动的完整活动，加深其对篮球运动的体验和理解。

运球是篮球比赛中个人进攻的重要技术，它不仅是个人摆脱、吸引、突破的进攻手段，也是发动、组织战术配合的重要桥梁。通过大量的运球比赛，可以帮助学生熟悉球性，增强手对球的控制能力，并且能培养学生的竞赛意识和正确的胜负观。运球技术的种类很多，从单一的原地运球技术到防守下的运球技术，从行进间运球到急停急起，再到运球体前变向突破，不断进阶。运球课课赛从运用单一技术到不同运球技术的组合变化，再到真实比赛情境下的应用，能真正起到提升学生运球实战能力的作用。

1 运球能手：高、低、变向运球

【比赛目的】提高学生手对球的控制能力，巩固学生左右手运球的技术能力，培养学生抬头观察的好习惯；发展学生的协调性、灵敏性等体能素质；培养学生按照规则和要求参与体育活动的良好体育品德。

【比赛方法】学生根据教师的要求，在篮球场地进行原地高低运球和体前变向运球。全班同学同时开始，进行 3 分钟原地运球计时赛，比一比哪一位同学的运球次数多。（图 1-1）

【规则与裁判方法】

1. 听教师哨声开始比赛。

2. 原地运球时若出现失误，捡球继续比赛。

图 1-1　运球能手：高、低、变向运球

【比赛建议】听教师口令进行高、低运球变换；看教师上、下、左、右的手势，进行高、低运球和体前变向运球；以组为单位，在规定时间内比一比哪一组累计运球次数多，次数相同时，失误少者获胜。

2 眼疾手快：1 对 1 运球抢断

【比赛目的】巩固学生左右手运球的技术能力，提升运球时的护球能力和控球能力；发展学生的位移速度和核心力量；培养学生敢于对抗的运动精神。

【比赛方法】在篮球场进行比赛，学生根据教师的要求，两人一组，每人各持 1 球，在 3 米 × 3 米的场地内进行运球抢断比赛。（图 1-2）

图 1-2　眼疾手快：1 对 1 运球抢断

【规则与裁判方法】

1. 听教师哨声开始比赛。

2. 在抢断球过程中不可抱球行进。

【比赛建议】进行固定区域的运球对抗（逐渐缩小区域）；鼓励学生尝试变换多种运球动作进行躲闪。

③ 抢夺先机：运球对抗

【比赛目的】巩固学生左右手运球的技术能力，提升运球对抗能力；发展学生的核心力量和位移速度；培养学生团队合作的好习惯和敢于对抗的运动精神。

【比赛方法】学生根据教师的要求，在篮球场进行比赛。每人 1 球，3～5 人为一组，各小组在 7 米 ×7 米场地内进行运球抢断对抗比赛。（图 1-3）

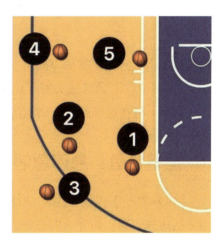

【规则与裁判方法】

1. 听教师哨声开始比赛。

2. 如果球被抢断要退出比赛场地，在抢断球过程中不可抱球行进。

【比赛建议】进行固定区域的运球对抗（逐渐缩小区域）；指定无球抢断球员（可增加抢断人数）。

图 1-3 抢夺先机：运球对抗

④ 穿越火线：运球快速推进

【比赛目的】巩固行进间直线运球技术，提高学生控制球和支配球的能力，培养学生在有防守的状态下合理运用技术的比赛意识；发展学生的位移速度、灵敏性、协调性等体能素质；培养学生在具有挑战性的篮球游戏中迎难而上、努力坚持、表现自我、勇于争先的精神。

【比赛方法】将学生分成人数相等的小组。学生在篮球场底线位置站好，根据教师提示的运球方法与路线快速进行运球往返接力。（图 1-4）

【规则与裁判方法】

1. 听教师哨声开始比赛。

2. 运球中若将球运丢要返回起点重新比赛。

图1-4 穿越火线：运球快速推进

3.不得抢跑，击掌后方能出发。

【比赛建议】运球接力赛（比快）；运球沿线追击（增加路线变化）；运球攻防赛（可在运球路线上增加防守人）。

5 渔翁钓鱼：急停急起运球

【比赛目的】提高学生跑动过程中手对球的控制能力，培养学生在游戏中灵活运球、遇到防守人时急停急起利用节奏变化快速突破的赛场意识；发展学生的位移速度、灵敏性、协调性等体能素质；培养学生在具有挑战性的篮球游戏中迎难而上、努力坚持、表现自我、勇于争先的精神。

【比赛方法】在篮球场内标志出7米×7米或者更大的场地作为鱼塘，教师是钓鱼人，5～10名学生为小鱼，在场地内可原地运球，也可运球跑动，当教师用自制鱼竿防守时，被教师瞄准的学生利用急停急起的运球方式进行快速躲闪。（图1-5）

图1-5 渔翁钓鱼：急停急起运球

【规则与裁判方法】

1.听教师哨声开始比赛。

2.运球中若被教师的鱼竿触到，要到场外运球30次进行自救，方可再次入场继续游戏。

3.运球躲闪时不能抱球跑动。

【比赛建议】增加钓鱼人，逐渐缩小鱼塘区域，鼓励学生大胆运球，但在跑动中要注意观察同学位置，避免发生碰撞。

6 迎难而上：直线＋变向运球全场推进

【比赛目的】进一步巩固学生的运球技术，提高手对球的控制能力，加强运球的流畅度及协调性；发展学生的位移速度和上、下肢协调性；培养学生公平竞争、拼搏进取的赛场精神。

【比赛方法】将学生分成人数相等的小组，利用篮球场全场，在场地罚球线与中线之间的3个位置分别摆放3个标志杆。学生从底线运球出发，遇到标志杆时要做出体前变向换手运球动作通过，依次循环折返接力。（图1-6）

图1-6 迎难而上：直线＋变向运球全场推进

【规则与裁判方法】

1.听教师哨声开始比赛。

2.变向过程中若变向失误要返回丢球处重新比赛。

3.不得抢跑，击掌后再出发。

【比赛建议】增加运球上篮；把标志杆位置替换成学生以增强防守。

7 攻守平衡：1对1全场运球对抗

【比赛目的】运用体前变向或者急停急起等突破技术进行全场推进或者突破，进一步提升学生个人技术的应用能力和攻守意识，做到赛场角色快速转变；发展学生的核心力量和协调性；培养学生在比赛中敢于对抗、勇于突破的进取精神。

【比赛方法】学生两人一组，一人持球，一人防守，利用篮球场全场，应用急停急起、体前变向技术进行全场1对1比赛。（图1-7）

图1-7 攻守平衡：1 对 1 全场运球对抗

【规则与裁判方法】

1. 听教师哨声开始比赛。

2. 如防守人抢断成功，进攻人马上由攻转守。

3. 规范防守动作，不要出现拉人、阻挡等犯规动作。

【比赛建议】可增加突破后的运球上篮；鼓励学生运用多种运球技术突破上篮；鼓励防守人积极防守，合理判断，找准时机进行抢断。

8 半场突围：前场 1 对 1 运球对抗

【比赛目的】进一步提升学生个人技术的应用能力，提高学生在半场比赛中的外线多角度进攻的能力；发展学生的核心力量及上肢力量；培养学生在比赛中敢于对抗、勇于突破的进取精神。

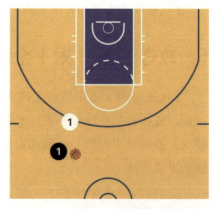

【比赛方法】学生两人一组，一人持球，一人防守，模拟前场比赛进攻，利用外线多角度进攻的方法，突破防守，上篮得分。（图1-8）

【规则与裁判方法】

1. 听教师哨声开始比赛。

2. 若防守人抢断成功，则交换攻守，重新比赛。

图1-8 半场突围：前场 1 对 1 运球对抗

3.规范防守动作，不要出现拉人、阻挡等犯规动作，进球数多者获胜。

【比赛建议】可增加突破后的运球上篮；鼓励学生打开视线，多角度尝试进攻突破；鼓励防守人积极防守，合理判断，找准时机进行抢断。

9 多点开花：前场 1 对 1 运球对抗 + 投篮

【比赛目的】进一步提升学生个人技术的应用能力，提高学生在半场比赛中外线多角度进攻的能力，并能学会找准时机投篮得分；发展学生的核心力量及上、下肢协调性；培养学生在比赛中敢于对抗、勇于突破的进取精神。

【比赛方法】学生两人一组，一人持球，一人防守，模拟前场比赛进攻，利用外线多角度进攻的方法，突破防守，找准时机投篮得分。（图 1-9）

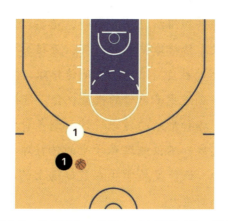

图 1-9 多点开花：前场 1 对 1 运球对抗 + 投篮

【规则与裁判方法】

1.听教师哨声开始比赛。

2.若防守人抢断成功，进攻人马上由攻转守。

3.规范防守动作，不要出现拉人、阻挡、推人等犯规动作。

【比赛建议】可适当增加一名防守队员；鼓励学生打开视线，多角度尝试进攻突破，敢于出手，拼抢篮板；鼓励防守队员积极防守，合理判断，找准时机进行抢断。

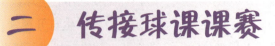

二 传接球课课赛

　　　　传接球技术是篮球运动中进攻队员之
间有目的的转移球的技术，是进攻队员在场
上相互联系和组织进攻的纽带，是实现战术配合
的具体手段。传接球技术的好坏，直接影响战术质量
的高低和比赛的胜负。准确巧妙地传接球，能够打乱对方
的防守部署，创造更多更好的投篮机会。传接球课课赛从
不同距离、各种形式的传球设计，到各种技术的组合
应用与实战，不仅能培养学生的传接球技术与实
战能力，还能发展学生在篮球场上的思维能
力和创造力。

10 阶梯传球：长距离双手胸前传接球

【**比赛目的**】提升学生的无球跑动能力及在移动中传准接稳的能力；发展学生的核心力量及协调性；培养学生传接球时呼应同伴的意识和配合意识。

【**比赛方法**】学生 4 人一队，队内分为 2 个小组（①、③和②、④各为一组）①、②位于底线处面对中线，③、④分别在①、②前方，每人之间相距 4 ～ 5 米，形成四角站位。比赛开始后按照①→②→③→④的顺序开始传球并跑动（①、③前后交替，②、④前后交替），从后场至前场推进，全队成员过中线则完成比赛，用时少的小组获胜。（图 1-10）

图 1-10 阶梯传球：长距离双手胸前传接球

【**规则与裁判方法**】

1. 若小组成员没有按照指定人员顺序进行轮转，每出现 1 次，本组用时加 3 秒。

2. 在本组学生轮换中，上一名学生接球后，下一名学生才可进行无球跑动。

3. 比赛中出现传球失误时，由本组学生捡球，计时不停表。

【**比赛建议**】可在后场至前场行进路线中贴点位，便于学生明确行进路线，以及在无球跑动中保持与同伴的间距；小组人数为 3 人时，采用"三角"跑位实施后场推进；小组人数为 4 人时，采用"四角"跑位实施后场推进。

11 追逐传球：短距离双手胸前传接球

【**比赛目的**】提高学生在半场进攻中短距离传球的成功率和传球质量；发展手臂力量的同时提高控球稳定性；培养学生在比赛中的团队配合能力。

【**比赛方法**】比赛前所有学生站在半场三分线和底线上，学生 4 人一组，分甲、乙两组进行比赛，学生间隔相等，两组人交替站位。将 2 个球分别交给对称站位的队员，比赛开始后学生按照教师的口令向左或向右传球。学生依次传球，期间教师可发出指令改变传球方向，直到一组的球追上另一组的球得 1 分，5 分钟内累计得分多的队伍获胜。（图1-11）

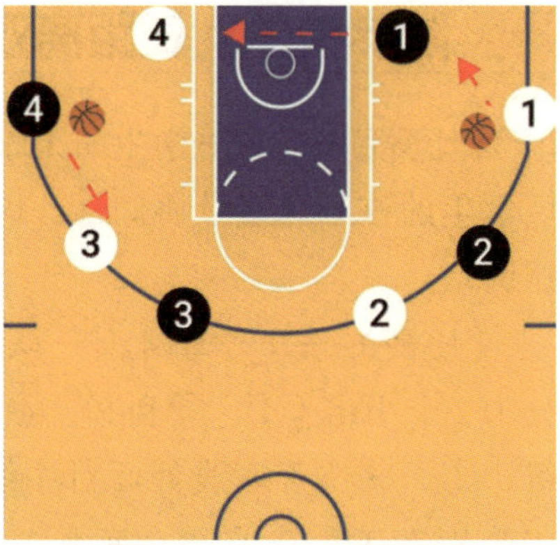

图 1-11 追逐传球：短距离双手胸前传接球

【规则与裁判方法】

1. 由于注意力不集中，教师发出口令后，传球方向错误的一方扣 1 分（1 次）。

2. 隔人传球违例，将被停止比赛 1 局。

【比赛建议】教师可在半场三分线及底线外按照相等距离贴点位，明确学生练习时的间隔距离；在跑动中进行追逐传球比赛；增加 1 个篮球，在行进间运球中进行追逐传球比赛。

12 前仆后继：行进间传接球接力

【比赛目的】加强两人行进间传接球的配合能力；发展持续跑动动力；培养学生的合作意识，通过比赛提升团队凝聚力。

【比赛方法】从篮球场中线至一侧篮下进行行进间传球接力，学生 4 人一队，分男生、女生进行比赛（或混合赛）。比赛前，每 2 人为一小组于篮球场中线后面对面站立，比赛开始后两人通过行进间传接球推进至篮下三秒区并完成投篮（投进得 2 分）。随后通过传球将球交给本队下一组学生，5 分钟内得分多的小组获胜。（图1-12）

【规则与裁判方法】

1. 本组学生交接球时，接球人不得

图 1-12 前仆后继：行进间传接球接力

越线交接。

2.若进行混合赛，每组男生、女生人数相等。

【比赛建议】只进行行进间传接球接力赛，不与运球、投篮技术结合；行进间传接球接力赛＋投篮；运球＋行进间传接球接力赛＋投篮。

13 火力支援：2 传 1 抢

【比赛目的】提升进攻方持球人（位于半场中线、边线或底线）的策应能力，同时不断增强进攻方无球人的无球跑动意识和摆脱防守能力，为今后能在多人配合的复杂情境中运用组合技术进行比赛奠定基础；在攻防角色的转换中培养学生敢于竞争、敢于对抗的精神。

【比赛方法】利用篮球场 1/4 场区，将学生 3 人一组分配到一个场区，每组两人进攻，一人防守，进攻方一人持球固定站位于边线（中线、底线）策应传球，无球人通过变向、变速跑动摆脱防守并接球，接球后运至投篮位置并投篮。组与组对抗，进攻方投进 1 球得 1 分，防守方抢断 1 次（或进攻终止）得 1 分，3 分钟内计算两个场区的得分，得分多的小组获胜。（图 1-13）

图 1-13 火力支援：2 传 1 抢

【规则与裁判方法】

1.每局比赛结束后可重新设定进攻人和防守人。

2.外围投进得 3 分，三秒区内投进得 2 分。

3.若出现运球带球走违例、打手犯规、阻挡犯规时，对方得 1 分。

【比赛建议】可单独安排投篮练习时间，使学生对投篮的角度和距离有较为准确的判断，提升投篮命中率，帮助学生在实战比赛中增加信心；缩短篮筐和进攻人的距离，提升传接球＋投篮组合技术的成功率；在比赛中合理运用传接球＋运球＋投篮组合技术，并在规定的投篮位置完成投篮。

14 ▶ 围追堵截：3传2抢

【比赛目的】提升进攻方队员的策应意识和跑动中的接球能力，进一步发展学生在局部对抗中的运、传、投技术运用能力；在较高强度的跑动和对抗中培养学生坚忍的意志和拼搏精神。

【比赛方法】利用篮球场1/4场区，A组进攻方（3人）和B组防守方（2人）在左侧半场比赛，剩余学生在右侧半场比赛（B组3人进攻，A组2人防守）。比赛双方在限定区域内进行3传2抢的比赛，进攻方连续传球3次得1分，防守方抢断1次（或进攻终止）得1分，3分钟内计算两个场区内双方得分，得分多的队伍获胜。（图1-14）

图1-14 围追堵截：3传2抢

【规则与裁判方法】

1. 若进攻方持球人持球超过5秒，不计连续传球次数，从0计算。

2. 若出现运球带球走违例、打手犯规、阻挡犯规时，对方得1分。

【比赛建议】可先进行3传1抢的练习，降低练习难度；进攻方使用运球+传球组合技术进行3传2抢练习；3人进攻，2人防守，进攻方在摆脱防守后可选择运球突破上篮或投篮，进1球得2分，5分钟内以双方得分判定胜负。

15 ▶ 守护水晶：4传3抢

【比赛目的】提高学生在局部对抗中的实战比赛能力；发展学生的身体协调性、爆发力及下肢力量；在多人练习中培养学生的团队精神和积极分享球的意识。

【比赛方法】将可移动篮筐（"水晶"）放置于一侧边线外中点。学生7人一组，4人进攻，3人防守（A、B两队分上下场区进行比赛）。在距离篮筐3米处画线，防守人不得进线，可在线外防守、断球。进攻方投进1球得1分，防守方断球（或进攻终止）得1分，5分钟内计算两个场区内的总分，

得分多的队伍获胜。（图 1-15）

【规则与裁判方法】

1. 进攻方在限制线以内运球、传球或投篮，防守方不得阻拦。

2. 进攻方线外投进得 2 分，线内投进得 1 分。

3. 若出现运球带球走违例、打手犯规、阻挡犯规时，对方得 1 分。

【比赛建议】可用标志桶代替篮筐（"水晶"），学生不用投篮，只需用传球

图 1-15 守护水晶：4 传 3 抢

击中标志桶即可得分，同时减少防守人数，进行 4 传 2 抢的比赛；进攻方队员手持移动篮筐，队友投篮时，可移动接球，从而降低投篮难度；横向使用篮球场 1/2 区域，进行 4 对 4 小场地比赛。

16　篮球微赛：2 对 2 半场传球＋投篮

【比赛目的】使学生在相对简单的对抗情境中不断重复和强化训练相关技术，能够为今后参与正式篮球比赛奠定基础；发展学生的灵敏性及位移速度；培养学生在势均力敌的对抗中不畏强敌、不怕失败、勇于克服困难的精神。

【比赛方法】在篮球场半场进行比赛，学生 4 人一组，每队选派一人为裁判员，一人记录得分，其余学生 2 对 2 利用 1/4 场地进行比赛。在比赛中，进攻方持球人可使用不同的传球方式策应同伴完成传接球，若打进，本方继续进攻，若进攻方投篮未进，攻守互换。5 分钟内得分多的队伍获胜。（图 1-16）

【规则与裁判方法】

1. 双方裁判员对阻挡和打手犯规进

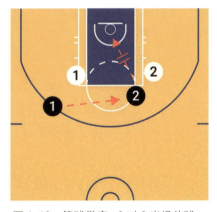

图 1-16 篮球微赛：2 对 2 半场传球＋投篮

行判罚和记录，同一名队员累计 3 次犯规则会被罚下并换人。

2. 投进 1 球得 2 分，助攻 1 次加 1 分。

【比赛建议】1/4 篮球场小场地比赛，不记助攻得分，只记投篮得分；1/4 篮球场小场地比赛，记录助攻得分和投篮得分；2 对 2 半场比赛，要求进攻方连续传球 3 次后投篮有效，分上、下半场各 7 分钟进行比赛。

17 穿针引线：3 对 3 半场传球 + 投篮

【比赛目的】让学生在"小场地"篮球比赛中有更多机会使用运、传、投技术，体验身体对抗和传接配合，在多变的比赛情境中通过反复尝试传接配合，提高赛场意识和判断能力，确保实战比赛中传接球的准确性和稳定性有所提高；发展学生的协调性及上肢力量；在比赛中加强学生的规则意识，通过轮流担任裁判员，让学生能遵守规则，形成良好的体育品德。

【比赛方法】利用篮球场半场进行比赛，学生 5 人一组，每组一人为裁判员，一人记录得分，其余学生在半场内进行 3 对 3 对抗比赛。在比赛中进攻方持球人可使用不同的传球方式，策应同伴在内、外线进攻（将三分线缩近，以区分内、外线），5 分钟内得分多的队伍获胜，一局比赛结束后队内角色互换，进行下一局比赛。（图 1-17）

图 1-17 穿针引线：3 对 3 半场传球 + 投篮

【规则与裁判方法】

1. 裁判员对运球带球走、二次运球、阻挡犯规、打手犯规进行判罚，同一名学生累计犯规 3 次则会被罚下并换人。

2. 进攻方投进 1 球得 2 分，助攻外线投进加 1 分，助攻内线投进加 2 分。

【比赛建议】先进行 3 对 2 以多打少的练习，通过无球学生牵制防守形成空位，进攻方可选择运球突破、外线空位投篮、助攻内线投篮等多种手段丰富进攻方式；在 3 对 3 比赛中，要求进攻方连续传球 3 次后才能投篮；进行 3 对 4 的比赛，要求进攻方在人数处于劣势的情况下，提升传球位移速度和准确性，从而为进攻创造机会。

18 齐心协力：4 对 4 半场传球 + 投篮

【比赛目的】让学生在半场区域充分施展个人技能，加深团队配合。此外，练习场区的限定可以增加学生的触球次数和与同伴沟通、联络的机会，以及传接球配合的时间。有助于学生形成场上意识和团队意识，积累经验，在比赛中磨炼自己的意志品质，做到胜不骄、败不馁，展现出良好的体育精神。

【比赛方法】利用篮球场半场进行比赛，学生 6 人一组，每组一人为裁判员，一人记录得分，其余学生在半场内进行 4 对 4 对抗比赛。在比赛中进攻方持球学生可使用不同的传球方式，策应同伴在内、外线进攻（将三分线缩近，以区分内、外线），5 分钟内得分多的小组获胜，一局比赛结束后组内角色互换，进行下一局比赛。（图 1-18）

图 1-18 齐心协力：4 对 4 半场传球 + 投篮

【规则与裁判方法】

1. 裁判员对运球带球走、二次运球、打手犯规、阻挡犯规进行判罚，同一名学生累计犯规 3 次则会被罚下并换人。

2. 进攻方投进 1 球得 2 分，助攻外线投进加 1 分，助攻内线投进加 2 分。

【比赛建议】先进行 4 对 3 半场以多打少的练习，通过无球学生空位跑动和拉开空间创造投篮时机；4 对 4 半场比赛中，要求进攻方 5 次进攻中至少有 3 次传至内线投篮（或运球上篮）；4 对 5 半场比赛中，要求进攻方在人数处于劣势的情况下，提升传球位移速度和准确性，在传球渗透和攻篮时有一定的压迫性。

三 投篮课课赛

　　投篮是场上队员将球投入篮筐的一种专门动作，这是篮球比赛中唯一的得分手段，是一切进攻技、战术的最终目的和全部攻守矛盾的焦点。因此，加强投篮技术的训练与比赛，正确掌握并熟练运用投篮技术，不断提高投篮命中率，是对教师和学生的更高要求。投篮课课赛从不同距离、角度的定点投篮比赛，到摆脱和突破防守的投篮比赛，最后回到真实的比赛情境，进行3对3的比赛，能够使学生在比赛中不断提高投篮水平，适应真实赛场的节奏变换，提高自身的抗压能力和果敢意识。

19 争做神投手：投篮动作

【比赛目的】让学生在不同的投篮距离调整用力大小，促使学生能做出正确的投篮动作，提升投篮准确度与稳定性；发展学生的灵敏性、协调性、位移速度等体能素质；培养学生团队协作、积极进取、锲而不舍的优良品质。

【比赛方法】将所有学生分成人数相等的两组，在每个篮下，三秒区正对篮筐的位置和篮筐左右 45 度位置设置 3 个距离不等的投篮点，学生运球从第一个点开始投篮，若投中则可以移动到下一个点继续投；若未投中，则在投篮点立即做 3 个蹲起，然后换下一个投篮点。所有点完成后，下一名学生进行投篮，所有人完成投篮用时最短的队获胜。（图 1-19）

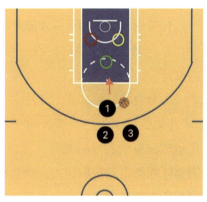

图 1-19 争做神投手：投篮动作

【规则与裁判方法】

1. 安排学生为裁判员，下达指令后开始投篮比赛。

2. 以投篮进球数和用时判定胜负。

【比赛建议】在比赛过程中，投篮点可分别设置在篮下、三秒区内、罚球线上。

20 投篮积分：投篮命中率

【比赛目的】提高学生在篮球场上不同位置的投篮能力和命中率，通过尝试不同角度和距离的投篮练习，使学生更好地适应篮球比赛真实情境中的各种投篮位置，同时在规定时间内完成快速且高效的投篮；发展学生的灵敏性、协调性、位移速度等体能素质；培养学生勇于挑战、敢于突破自我、团结协作的优良品质。

【比赛方法】3 人一组，每人 1 球，每组在篮球半场进行投篮积分比赛，场内布置 3 种颜色的 5 个呼啦圈，每种颜色的呼啦圈距离和角度不同，在黄

色圈内投中得 1 分，在绿色圈内投中得 2
分，在红色圈内投中得 3 分。3 人在规定
时间内同时在不同的圈中投篮，自投自
抢，不能连续在相同的颜色位置中投篮。
最后累计各小组积分。（图 1-20）

图 1-20　投篮积分：投篮命中率

【规则与裁判方法】

1. 听到口令或哨声后才能开始运球。

2. 两名学生不能同时在一个呼啦圈
内投篮。

3. 分数相同时加赛 1 分钟。

【比赛建议】三个等级的呼啦圈距篮筐距离稍近，学生抢到篮板球后再
次运球到不同的呼啦圈时，可以适当降低走步和二次运球违例的评判标准；
调整呼啦圈距篮筐的距离，学生抢到篮板球后运球到下一个呼啦圈，必须尝
试在所有颜色的呼啦圈内投篮；抢到篮板球后，快速运出三分线，然后快速
运球到所选呼啦圈内，急停投篮。

21 8分大战：投篮效率

【比赛目的】培养学生合理分配场上位置的战术能力，使每位学生主动
提升技战术水平；发展学生的灵敏性、协调性、位移速度等体能素质；培养
学生勇于挑战、敢于突破自我、团结协作的优良品质。

【比赛方法】每组 4 人，分别在 4 个
点位进行投篮，每个点位投进 1 球，得 2
分，4 个点位全部投进，得 8 分，完成比
赛。其中，1 号、2 号点位在三秒区内侧
的位置，3 号、4 号点位在 3 秒区外侧位
置。若 1 号学生没有投进，2 号、3 号、
4 号学生轮换抢篮板球，回到未投进点位
进行补投，直到 4 个点位全部投进，完
成比赛。（图 1-21）

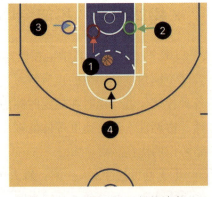

图 1-21　8分大战：投篮效率

【规则与裁判方法】

1. 设置裁判员，对上场的 4 名学生的位置进行检查，若出现违反规则的情况，则不停时，不计分。

2. 成绩相同时，加赛 1 分钟。

【比赛建议】固定点位顺序轮换投篮比赛：1 号、2 点位在三秒区内侧，3 号、4 号点位在三秒区外侧，投篮完成 8 分比赛；不固定点位顺序轮换投篮 1 分钟计时赛：要求在三秒区外侧随意选择点位，进行轮换投篮，完成 8 分比赛；固定点位不轮换投篮 1 分钟计时赛：要求在三秒区外侧每位球员固定点位，进行投篮完成 8 分比赛。

22 移动篮筐：投篮应用

【比赛目的】提高学生双手胸前投篮的技术水平，体会正确的发力顺序；发展学生的协调性和下肢力量；培养学生按照规则和要求参与体育活动的良好体育品德。

【比赛方法】将学生分为人数相等的组，每组学生做双手胸前投篮，一名学生手持呼啦圈作为移动的篮筐，根据移动篮筐不同距离标出 1 分、2 分、3 分得分点，先投中 10 分的队获胜。（图 1-22）

图 1-22　移动篮筐：投篮应用

【规则与裁判方法】

1. 场内安排一名裁判员进行计时记分工作，辅助记录每组的进球次数。

2. 若在投篮时有踩线现象，记为犯规，投中无效。

【比赛建议】可设置固定投篮点位、不同角度投篮点位、不同角度及不同高度投篮点位。

23 猫捉老鼠：摆脱后投篮

【比赛目的】提高防守学生（猫）分辨假动作和判断持球学生进攻方向

的能力，提升进攻学生（鼠）的假动作欺骗性和场上比赛时摆脱防守后的得

分意识；发展学生的灵敏性、协调性等体
能素质；培养学生在有一定难度的体育活
动中勇敢顽强、克服困难的优良品质。

【比赛方法】在篮球半场，用5个标
志桶在三分线附近围成一个圆，学生绕着
这个圈追逐，防守学生必须主动追击，碰
到持球学生的球被判定为胜利，运球学生
摆脱防守学生上篮为进攻队员胜利。"猫"
和"老鼠"进行1对1或者2对2比赛。
（图1-23）

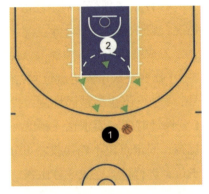

图1-23　猫捉老鼠：摆脱后投篮

【规则与裁判方法】

1.设置裁判员和记录员，进行判罚和记录触球次数。

2.运球学生出现走步、二次运球犯规时，判触球1次。

3.防守学生出现打手、冲撞犯规时，减少触球1次。

【比赛建议】进行1对1比赛时，标志桶圈可以适当扩大或缩小，防守
学生触碰到进攻学生身体即被判为胜利；进行2对2比赛时，学生通过运球
观察、传球等手段完成进攻。

24 争分夺秒：快速投篮

【比赛目的】提高无球学生快速移动的能力，以及接球后投篮的衔接性
和防守后转换进攻的衔接性，同时提高投篮和上篮的命中率，促使学生适应
真实比赛情境中的快速投篮节奏；发展学生的位移速度和爆发力；培养学生
在有一定难度的体育活动中勇敢顽强、克服困难的优良品质。

【比赛方法】每个篮球场半场可以布置两块场地，每块场地设置4个
标志桶组成一个方形，中间放置1个篮球。学生从中场线出发，无球跑动
到正方形位置，分别在4个边做防守滑步和无球侧身跑，完成后迅速到中
心拿球完成上篮（投篮），未投进的要完成补进，最后用时少者获胜。（图
1-24）

【规则与裁判方法】

1. 听到裁判员哨声或口令后开始。

2. 完成全部投篮（均投进）用时少者获胜。

【比赛建议】正方形距离距篮筐稍近，持球后原地单手肩上投篮；完成无球移动后，到中心位置快速持球，做三威胁后运球上篮；学生可以持球比赛，运球到正方形，把原中心位置的篮球替换成标志碟，快速在 4 个边变向运球后，到中心位置翻过标志碟后快速突破上篮。

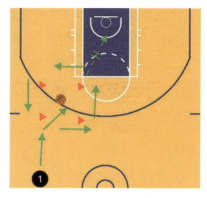

图 1-24 争分夺秒：快速投篮

25 追防 1 对 1：对抗投篮

【比赛目的】通过学习合理运用持球三威胁，提高学生主动运球快速进攻、突破上篮的技术水平，提高防守人判断持球人进攻路线快速追防的能力；发展学生的位移速度、灵敏性、协调性等体能素质；培养学生在有挑战性的体育活动中迎难而上、努力坚持、表现自我、勇于争先的精神。

【比赛方法】在篮球场半场，将 2 个蓝色锥桶放在三分线弧顶左右，进攻学生三威胁后，突然启动绕过其中一个锥桶后上篮，防守学生必须在进攻者启动之后绕过另外一个锥桶，迅速追防。进攻者投篮成功则被判定为进攻方胜利，防守者干扰成功破坏投篮则被判定为防守方胜利。（图 1-25）

图 1-25 追防 1 对 1：对抗投篮

【规则与裁判方法】

1. 裁判员判定进攻学生与防守学生必须分别绕过两个锥桶，进攻队员先启动。

2. 每组两人交换进行，进球为进攻方胜利，防守成功且不犯规为防守方胜利。

【比赛建议】1 对 1 进行比赛时，锥桶间距增加或逐渐减小；2 对 2 进行比赛时，两侧底线可以有一组进攻和防守学生接应。

26 行云流水：多点投篮

【比赛目的】无球学生通过从内线固定站位跑至篮下一侧或中路高位策应投篮，可以在实战比赛情境中有效牵制防守学生；发展学生的跑动能力；培养学生局部配合的意识。

【比赛方法】半场 3 对 3 小比赛（每组分为 1 号、2 号、3 号），持球学生从中场推进进攻，通过运球、传球的方式设法将球传到跑出空位的队友手中，接球人根据防守人的位置采取投篮或上篮的方式得分。比赛时间为 4 分钟，得分多的组获胜。（图 1-26）

图 1-26 行云流水：多点投篮

【规则与裁判方法】

1. 裁判员依据正式比赛规则进行裁判。

2. 安排上场和退场仪式，以及开球仪式。

【比赛建议】在进攻过程中，进攻人抓住机会，跑出空位即可投篮或上篮；进攻人最少传球 2 ~ 4 次之后，跑出空位可投篮或上篮。

27 3 对 2 比赛：无球掩护 + 低位投篮

【比赛目的】学生运用传接球策应无球学生有效跑动，形成空位接球和多点投篮位置与机会，创新和丰富进攻方式方法，形成局部进攻体系。防守学生站位于传球和投篮线路上，可以扩大视线和身体防守面积，提高快速移动能力和场上观察意识，形成区域防守体系。

【比赛方法】在篮球场半场进行比赛，每组 3 人，上场时进攻方 3 人，防守方 2 人，其中每组有一人在攻守方转换时进行调换。持球学生固定站位于前场高位三分线外，两名策应队员在内线 45 度中段背对篮筐，进行无球跑动、无球掩护等无球移动技术。当进攻方获得投篮机会时，迅速传接球投篮。进球、球出底线、抢到后场篮板球时攻守方互换。投进 1 球计 1 分，3 分钟内得分多的组获胜。（图 1-27）

图 1-27　3 对 2 比赛：无球掩护 + 低位投篮

【规则与裁判方法】

1. 至少传球 3 次以上。

2. 场外学生裁判员对于进攻走步违例、二次运球违例和防守阻挡犯规要严格吹罚。

【比赛建议】3 对 2 计时赛中，进行不运球按号码顺序传接球实战比赛，具有一定的传接球策应合作战术能力后，进行运球、按号码顺序传接球实战比赛；3 对 3 计时赛中，在掌握对抗性个人运球技术能力、传接球策应合作战术能力的基础上，进行运球自由传接球实战比赛。

四　防守课课赛

防守技术是指队员在篮球比赛中防守进攻队员，从无球状态到有球状态，或从有球状态到无球状态，直至对方进攻结束或失去控球权的全过程中，合理运用具有防御和攻击效果的动作组合。真实篮球比赛中强调攻守平衡，对于现阶段的学生来说，谁具备攻守平衡的能力，谁就能在比赛中发挥更重要的作用。防守课课赛针对防守技术的特性，从脚步移动到防守步伐，从防守有球队员到防守无球队员，逐渐把防守技术带入真实的比赛情境。本部分内容除了训练和提升防守技术外，更重要的是培养学生在赛场上勇猛、机智、果断的品质，以及主动控制对方进攻的能力。因此，对学生的思维、身体、技术等方面都提出了更高的要求。

28 极速战车：脚步移动

【比赛目的】提高学生在篮球场上急停急起、追防退防的运动能力；发展其位移速度与耐力；培养学生在有挑战性的体育活动中迎难而上、努力坚持、表现自我、勇于争先的精神。

【比赛方法】全班分成 4 组完成接力竞速赛，在篮球半场进行比赛，每组均站在底线后等待发令，且每组的前进路线上分别放置 4 个锥桶，每个锥桶间隔 3 米以上。队员出发后快速跑向第 2 个锥桶然后做急停，再迅速后退跑回第 1 个锥桶，再迅速启动冲向第 4 个锥桶做急停，再后退跑回第 3 个锥桶，再迅速启动踩到中线后迅速折返，与下一名学生击掌，依次接力。最先完成的一组为第一名，以此类推。（图 1-28）

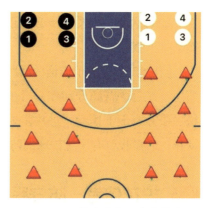

图 1-28 极速战车：脚步移动

【规则与裁判方法】

1. 听到发令后立刻出发，每次急停必须到达指定位置，返回接力时击掌。

2. 学生裁判员要及时吹罚走步违例、翻腕、二次运球等违例行为。

【比赛建议】第 1 个和第 2 个锥桶的间距、第 3 个和第 4 个锥桶的间距可以适当缩短，以减少后退跑的距离；急停时降低重心做防守姿态，后退跑时可增加双臂防守动作来干扰传球。

29 凌波微步：防守脚步

【比赛目的】提高学生在篮球场上防守脚步的移动能力；发展学生的灵敏性与协调性；培养其在有挑战性的体育活动中迎难而上、努力坚持、表现自我、勇于争先的精神。

【比赛方法】全班分成若干小组，每组 5 人，将篮球场划分为 7 米 × 10 米的 4 块场地，完成计时赛。每组学生逐一从中线出发，迅速跑到围成正方形的 4 个锥桶旁，在 4 条边的路线上分别做侧滑步、攻击步和后撤步，然后

迅速返回中线接力，下一名学生出发。最先完成的一组为第一名，以此类推。（图1-29）

【规则与裁判方法】

1. 听到裁判员的发令后才可以出发。

2. 每次变换移动脚步必须正确，返回接力时击掌。

【比赛建议】4个锥桶的间距可以适当缩短；注意手臂防守动作，滑步时双臂放松、张开、上下摆动，进攻步要有抢断球动作，后撤步要有干扰传球的防守动作。

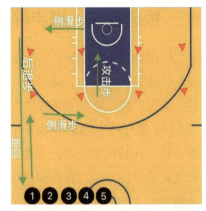

图1-29　凌波微步：防守脚步

30 护花使者：防守跟随

【比赛目的】提高学生在篮球场上1防1、2防1的防守能力，能判断进攻者进攻方向、识别假动作，利用脚步动作防守进攻路线，利用手臂防守技术干扰进攻者前进；发展学生的位移速度、灵敏性、协调性等体能素质；培养学生积极进取、锲而不舍的精神。

【比赛方法】在篮球场内标出若干块5米×5米的场地。2～3人一组，一人为无球进攻方，另外两人或者一人为防守方。在防守方身后2米放置1个锥桶，进攻方30秒内运用假动作、后转身等技术摆脱防守并触摸到锥桶为胜利，规定时间内进攻方成功突破摸到锥桶需马上举起双手高呼示意胜利。同理，规定时间内没触摸到锥桶为防守方胜利，同样需举起双手示意。（图1-30）

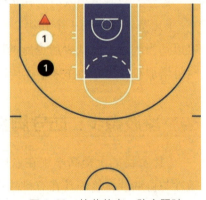

图1-30　护花使者：防守跟随

【规则与裁判方法】

1. 由学生裁判员发令并计时。

2. 当双方犯规时要果断吹罚，如撞人、阻挡等。

【比赛建议】讲解撞人、阻挡等裁判规则，比赛时可以尝试设置两名防守队员；严格按照判罚标准，1 对 1 进行比赛。

31 极速阻击：防投篮

【比赛目的】提高学生在篮球场上针对投篮的防守能力，从迅速启动到有效防守，从判断进攻者进攻方向、识别假动作到起跳封盖，让学生在课课赛中进行有效练习；发展学生的灵敏性、位移速度等体能素质；培养学生在有挑战性的体育活动中吃苦耐劳、迎难而上的坚毅品格。

【比赛方法】在篮球场半场进行 1 对 1 投篮和防守比赛，如图在三分线两侧放置两个篮球，在三分线弧顶设一个进攻点位的标志贴，在罚球线中点设一个防守点位标志贴。每两人一组，在边线进行"石头剪刀布"，赢的学生迅速跑到进攻点位，输的学生迅速跑到防守点位，进攻学生利用无球假动作虚晃，然后迅速选择 1 个篮球，跑过去持球，做运球接单手肩上投篮，另外一名学生迅速跟上防守投篮。裁判员在比赛进行中要及时判定胜负，球投进，进攻方获胜；防守学生抢断球或篮板球，防守方获胜。（图1-31）

图 1-31 极速阻击：防投篮

【规则与裁判方法】

1. 裁判员在双方违例和犯规时果断吹罚，如走步违例、打手犯规等。

2. 由学生记录员记录比赛成绩。

【比赛建议】讲解走步违例、二次运球、打手犯规等判罚规则，放宽规则进行比赛；可以让学生当裁判员，严格执行判罚标准，1 对 1 进行比赛。

32 火力封锁：防投篮和传球

【比赛目的】提高学生在篮球场上针对投篮及传球的防守能力，从迅速启动到有效防守，从判断进攻者进攻方向、识别假动作到跳起封盖和抢断干扰传球，让学生在课课赛中获得有效练习；发展学生的位移速度、灵敏性、协调性等体能素质；培养学生在有挑战性的体育游戏中敢于挑战、勇于争先的精神。

【比赛方法】在篮球场半场进行 2 对 1 进攻和防守比赛，如图在三分线两侧放置两个篮球，在三分线弧顶设一个进攻点位的标志贴，在罚球线中点设一个防守点位标志贴。每 3 人一组，在边线进行"石头剪刀布"。赢的学生迅速跑到进攻点位，并且其身后学生一起迅速进入场地，作为接应队员，输的学生迅速跑到防守点位。进攻学生利用无球假动作做虚晃，然后迅速选择 1 个篮球，跑过去持球，做运球接单手肩上投篮或者传球给队友，另外一名学生迅速跟上防守投篮和干扰传球。投中或传球成功记进攻方胜利，防守投篮成功或者干扰对方传球失误记防守方胜利。（图 1-32）

图 1-32 火力封锁：防投篮和传球

【规则与裁判方法】

1. 裁判员在比赛进行中要及时判定胜负。

2. 裁判员在双方违例和犯规时要果断吹罚，如走步违例、打手犯规等。

【比赛建议】讲解走步违例、二次运球、打手犯规等判罚规则；可以让学生当裁判员，严格执行判罚标准，1 对 1 进行比赛。

33 一争高下：防投篮和传球

【比赛目的】提高学生在篮球场上 1 防 1 的防守能力，能判断进攻方的进攻意图，利用脚步动作防守进攻路线，借助封盖和封传球等防守动作干扰进攻者投篮和传球；发展学生的位移速度、肌肉力量、协调性等体能素质；培养学生的团队精神和集体意识，能够接受比赛结果。

【比赛方法】3 人一组，两人进攻，另外一人防守。比赛开始后，进攻方 2 号学生发边线球，将球传给 1 号学生后到底线策应，随后 3 号学生防守

1号学生，进攻方 24 秒内可通过三威胁动作、持球突破、投篮、传球、突分等进攻手段进行 1 对 1 防守，防守方要进行真实比赛情境的全方位防守，即防突破、防投篮、防传球，2 号学生只作为发球和接球队员，不参与其他进攻。防守人在规定时间内成功干扰进攻方投篮和传球即判定防守方胜利。

图 1-33　一争高下：防投篮和传球

【规则与裁判方法】裁判员发令并计时，学生记录员记录比赛数据，裁判员在双方犯规时要果断吹罚。（图 1-33）

【比赛建议】可缩小场地进行防守 1 对 1 比赛；半场进攻，迫使对方失误（包含 24 秒违例）判定防守方胜利。

34 势均力敌：篮板球争夺

【比赛目的】通过在篮球场 3 秒区内的身体对抗，并尝试合理运用身体占据优势位置，提高学生保护篮板球的能力；发展学生的灵敏性、爆发力及核心力量；培养学生在有一定难度的体育游戏中勇敢顽强、克服困难的优良品质。

【比赛方法】分小组对抗，每组 4 人（进攻方 2 人、防守方 1 人、裁判员 1 人），在半场进行比赛。进攻方 1 号、2 号学生均在三秒区外，一人负责投篮，另一人负责争抢篮板球，防守方 3 号学生负责保护后场篮板。裁判员发令开始，1 号学生 5 秒钟内进行投篮，2 号学生必须在 1 号学生投篮出手后进入三秒区争抢篮板球，3 号学生听到发令后迅速进入三秒区保护后场篮板球。2 号学生抢到篮板球为进攻方胜利，3 号学生抢到篮板球为防守方胜利。（图 1-34）

图 1-34　势均力敌：篮板球争夺

【规则与裁判方法】

1. 裁判员在比赛进行中要及时判定犯规和胜负。

2. 在 3 号学生保护后场篮板的过程中，或者 2 号学生冲抢篮板球时，只能正确合理利用身体的对抗要位，若出现推人、扬肘、顶膝等犯规动作则会被判为犯规，对方得分。

【比赛建议】讲解三秒区内相关规则和身体对抗中的相关规则；身高、体重相近的学生为一组。

35 围追堵截：防无球队员

【比赛目的】通过练习对持球队员和无球队员的防守转换，提高学生对防守中有球和无球队员的应对能力，如预判有球队员的传球路线和运球方向并进行干扰抢断，干扰无球队员的跑位和接球路线；发展学生的位移速度、灵敏性、协调性等体能素质；培养学生在有挑战性的体育游戏中努力坚持、敢于竞争的精神。

【比赛方法】每 5 人为一组进行比赛，1 人为裁判员，另外 4 人被分为 2 名防守人和 2 名进攻人，各组在篮球场 1/4 区域进行比赛。进攻人在 1 分钟的时间内不投篮进攻，只进行拿球三威胁、运球和传球，持球人停球不能超过 5 秒钟，否则为犯规。防守人进行盯人防守，做抢断和干扰传球，抢断成功则防守队员挑战成功。（图 1-35）

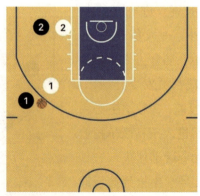

图 1-35　围追堵截：防无球队员

【规则与裁判方法】

1. 裁判员在比赛进行中要及时判定胜负；进攻方出现走步、二次运球等违例情况时，判防守方挑战成功。

2. 防守方出现拉人、打手的犯规情况时，判防守方挑战失败。

3. 进攻方在运球时，出现停球超过 5 秒，判防守方挑战成功。

【比赛建议】可以适当缩小场地，以增加防守成功率；也可以适当增加场地面积，进行有篮练习。

36 严防死守：实战防守应用

【比赛目的】在半场 3 对 3 或者 4 对 4 的小比赛中，练习快速攻防转换，体验篮球比赛的对抗强度，积累比赛经验；发展学生的位移速度、灵敏性等体能素质；培养学生的责任意识和集体荣誉感，使其能正确看待比赛胜负。

【比赛方法】3 ~ 4 人为一组，在两个篮球场半场进行循环赛，每场比赛 3 分钟。（图 1-36）

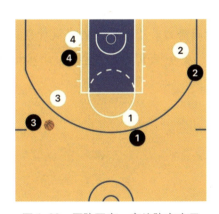

图 1-36　严防死守：实战防守应用

【规则与裁判方法】每场比赛均有学生裁判员按照 3 对 3 比赛规则进行判罚，设技术台，进行技术统计。

【比赛建议】进行 3 对 3 比赛时，按照个人篮球技术水平和男女生差异合理组队；进行 4 对 4 比赛时，按照篮球技术水平差异，进行分组别对抗赛。

五 小赛季

小赛季是完整的教学比赛，它要求学生对各项比赛的方法、规则、流程有正确认识，并根据自身优势和特点在教师引导下积极分工协作、参与比赛，为本队能取得优异成绩而努力。小赛季的内容设计包括了比赛规程、裁判与记录、安全保障、文化宣传、比赛礼仪、赛后奖项等部分。

37 赛场之星：单项 + 组合技术比赛（三年级）

【比赛目的】通过参与本项比赛，学生能够认识到原地投篮、原地运球和双手胸前传接球都是比赛的基础技术，只有正确运用技术动作，并在特定距离内完成规定次数，才能在比赛中稳定发挥，通过比赛了解自己对于技术的掌握程度，并及时做出评价。同时，发展学生的位移速度、灵敏性等体能素质，培养学生的责任意识和集体荣誉感，使其能正确看待比赛胜负。

【比赛方法】

1. 小篮球小赛季开幕式：入场仪式、啦啦队表演、开球仪式、赛场礼仪等。

2. 技术对抗赛：全员参与，全班分成人数相等的两组，组内男女生各占一半。

（1）原地投篮。（距球篮 4 米的罚球线、球篮 45 度位置、篮下，每人依次在 3 个点位各投篮 1 次，组内数量累计）

（2）原地高低运球。（一分钟运球，组内数量累计）

（3）原地双手胸前传接球。（两人距离 4 米，1 分钟传接球，组内数量累计）

3. 1 对 1 对抗赛：全员参与，男女生分开比赛；采用单败淘汰赛制，男女生各有一个第一名；安排一组小裁判员记录犯规、违例；中场休息时，啦啦队表演。

4. 小篮球小赛季颁奖典礼：颁发最有价值球员、最具潜力之星、技巧之星、优秀小裁判员、活力啦啦队。

【裁判与规则方法】

1. 技术对抗赛：累计组内所有学生的完成次数，以完成数量为决出胜负的依据。

2. 1 对 1 对抗赛：采用单败淘汰赛制；每球 1 分，每局先得 2 球或 2 分钟内得分多者获胜；比赛中允许学生 3 ~ 4 步的带球走和 1 ~ 2 次的二次运球。

【比赛建议】可根据学生水平调整投篮和传球距离；投篮时可以增加三威胁后一次运球投篮；原地高低运球可以降低难度，比比谁的失误更少，或者增加难度，变换左右手运球；传接球可以进阶为一次原地运球后传球或者变换传球方式，如单手传球、头上传球、击地传球等。

38 最佳球员：单项＋组合技术比赛（四年级）

【比赛目的】通过参与本项比赛，学生能够认识到行进间上篮、行进间直线运球、行进间曲线运球和行进间传接球都是比赛的基础技术，只有熟练运用此类技术动作，并在比赛中运用自如，才能获得更多的投篮机会，赢得比赛。同时，通过比赛了解自己对于技术的掌握程度，提升赛场决策能力和配合意识。

【比赛方法】

1. 小篮球小赛季开幕式：入场仪式、啦啦队表演、开球仪式、赛场礼仪等。

2. 技术对抗赛：全员参与，全班分成人数相等的两组，组内男女生各占一半。

（1）行进间上篮。（在三分线上放3个固定标志桶，分别在30度、90度、120度3个点位连续行进间运球上篮3次，上篮进球才能去下一个点位，用时最短者获胜）

（2）行进间直线运球。（底线出发，中线折返，用时最短者获胜）

（3）曲线运球。（底线出发，运球绕过3米的5个标志桶返回底线，用时最短者获胜）

（4）行进间传接球。（两人一组，从中线出发，行进间传3次后上篮1次，球接触篮板即可运球返回中线，用时最短者获胜）

3. 2对2对抗赛：全员参与，男女生分开，两人一组，半场比赛，进球后在三分线任意位置发球恢复比赛；采用单败淘汰赛制，男女生各有一组第一名；安排一组小裁判员记录犯规、违例；中场休息时，啦啦队表演。

4. 小篮球小赛季颁奖典礼：颁发最佳拍档（双人）、最有价值球员、最具潜力之星、技巧之星、优秀小裁判员、活力啦啦队。

【裁判与规则方法】

1. 技术对抗赛：以完成用时最短为获胜标准。

2. 2对2对抗赛：采用单败淘汰赛制；每球1分，每局先得2球或2分钟内得分多者获胜；比赛中允许学生 3～4 步的带球走和 1～2 次的二次运球。

【比赛建议】可根据学生水平调整上篮标志桶距离，上篮之前可以面对标志桶增加三威胁；移动运球可以降低难度，比比谁的失误更少，或者增加难度，变换左右手运球；传接球可以进阶变换传球方式，如单手传球、头上传球、击地传球等。

39 全能选手：组合技术比赛（五年级）

【比赛目的】通过参与本项比赛，提高学生团队配合的意识与果断决策的能力，学生能够学会传接球后投篮或运球后投篮的技术动作，并在比赛中找到更合理的出手投篮时机。

【比赛方法】

1. 小篮球小赛季开幕式：入场仪式、啦啦队表演、开球仪式、赛场礼仪等。

2. 技术对抗赛：全员参与，全班分成人数相等的两组，组内男女生各占一半。

（1）接球投篮比赛。（2 分区，篮筐 45 度位置，地上画一个圈，圈内原地接传球投篮，看命中率）

（2）运球投篮比赛。（外线运球到刚才的圈，急停投篮，看命中率）

3. 3 对 3 对抗赛：全员参与，男女生分开，3 人一组，半场比赛，进球后在三分线外一步任意位置发球恢复比赛，每局 3 分钟，得分相等则加时 1 分钟；采用单败淘汰赛制，男女生各有一组第一名；安排一组小裁判员记录犯规、违例；中场休息时，啦啦队表演。

4. 小篮球小赛季颁奖典礼：颁发最佳三巨头、最有价值球员、最具潜力之星、技巧之星、优秀小裁判员、活力啦啦队。

【裁判与规则方法】

1. 技术对抗赛：以投篮命中率为决出胜负的依据，得分相同则加赛一回合。

2. 3 对 3 对抗赛：采用单败淘汰赛制；每球 1 分，每局先得 3 球或 3 分钟内得分多者获胜；比赛中允许学生 3～4 步的带球走和 1～2 次的二次运球。

【比赛建议】接球投篮可以增加无球反跑摆脱后再接球投篮；运球急停投篮可以加标志物或防守人，利用突破技术成功突破后急停投篮。

40 团队之星：组合技术比赛（六年级）

【比赛目的】通过参与本次比赛，培养学生的团队合作意识和简单战术素养，学生能够把技术动作合理地运用到比赛当中，减少违例和犯规，注意比赛中的运动安全。

【比赛方法】

1. 小篮球小赛季开幕式：入场仪式、啦啦队表演、开球仪式、赛场礼仪等。

2. 技术对抗赛：全员参与，全班分成人数相等的两组，组内男女生各占一半。

接球投篮比赛。（中线接球，直线运球到篮筐 45 度位置，体前变向过标志物后到圈内投篮，看命中率）

3. 4 对 4 对抗赛：全员参与，男女生分开，4 人一组，半场比赛，进球后三分线外传球一次即可恢复比赛；每局 4 分钟，得分相等则加时 1 分钟；采用单败淘汰赛制，男女生各有一组第一名；安排一组小裁判员记录犯规、违例；中场休息时，啦啦队表演。

4. 小篮球小赛季颁奖典礼：颁发最佳 F4、最有价值球员、最具潜力之星、技巧之星、优秀小裁判员、活力啦啦队。

【裁判与规则方法】

1. 技术对抗赛：以投篮命中率为决出胜负的依据，得分相同则加赛一回合。

2. 3 对 3 对抗赛：采用单败淘汰赛制；每球 1 分，每局先得 5 球或 3 分钟内得分多者获胜；比赛中允许学生 3 ~ 4 步的带球走和 1 ~ 2 次的二次运球。

【比赛建议】可以根据学生水平缩短运球距离和投篮距离，也可以把投篮变成上篮；进阶比赛可以把运球投篮中的标志物换成防守人。

第二部分

小学足球趣味课课赛 40 例

　　本部分致力于形成"以赛促学、以赛代练、以赛促练"的新范式，通过为学生创设真实比赛情境实现知识技能的巩固和强化。"常赛"中的"赛"并非只是正规高水平竞赛，课堂上每一项单项技术都可以随学随赛，如进行两人赛、小组赛、技术组合赛、班级赛、年级赛等。"常赛"组织形式灵活，比赛内容多样，其目的是以体育人，促进学生的全面发展。经常参加比赛，可以培养学生勇敢顽强、遵守规则、公平竞争的优良品德及团队协作的精神，促进学生形成健全的人格和坚强的意志。

一、理论依据

（一）围绕新课标，探索新思路

　　真实情境下的足球课课赛，坚持"健康第一"的教育理念，以发展学生核心素养为引领，重视育体、育心、育智，依据学生的学习需求和兴趣爱好，参照运动技能形成规律进行设计，形成"以赛促学、以赛代练、以赛促练"的新范式，为面向全体学生，落实"教会、勤练、常赛"要求，注重"学、练、赛"一体化教学提供更多内容选择。比赛内容围绕运球、传球、射门、技战术运用和小赛季，整体设计由浅入深、循序渐进的进阶性比赛。课课赛的实施能够为学生进行充分的练习提供更多的渠道，使其进一步巩固和运用所学运动知识和技能。在比赛中，学生可以进行不同层次、不同水平的基本动作和简单组合动作的展示，并参与形式多样的展示和比赛，这不仅能有效提升学生运动技能，同时也能提高学生对于单一技术、简单组合技术、技战术的灵活应用能力，以及把控比赛的能力，最终形成真正的比赛意识，提升比赛能力。有趣的课课赛设计能够激发学生参与运动的兴趣，使学生感受体育运动的魅力，领悟体育比赛的意义，发扬刻苦学练的精神，树立公平竞争、正确看待胜负的体育品格。

（二）足球项目特点分析

　　足球之所以被称为"世界第一运动"，不仅是因为足球运动具有极强的观赏性，对身体有极高的锻炼价值，更重要的是足球作为开放式运动技能，对于培养瞬间反应能力、卓越的观察力及快速的判断力有着非常突出的促进作用。在踢球的同时大脑也在飞速运转，学生可以积极参与、全身心投入，并实现全面发展的目的。足球运动中的竞技精神和团队文化蕴含着公平与竞争、团队与荣誉、超越自我、永不言弃等丰富精神内涵，对学生日常的学习和生活都具有积极的引导作用。课课赛主要围绕大单元教学中"赛"的内容进行设计和实施，是对大单元教学过程的一个补充，是结合真实情境所创编的比赛，主要目的是以比赛的形式强化学生的学习内容，巩固所学技术。比赛中不仅涉及足球单一技术、组合技术、简单技战术组合、简单规则，而且更多关注学生由技术学习向技能掌握的转化。通过课课赛可以有效提高学生足球运动技术技能的形成，让学生更好地体验足球运动的魅力。

（三）学情分析

三至四年级的学生有一定的基本运动技能基础，在教师的指导下能够完成部分单项技术、简单的组合技术、简单的技战术比赛，在比赛中敢于根据不同角色、不同场景进行展示与评价，能参与形式多样的足球比赛。五至六年级的学生能够在教师的指导下，在规定场地、人数、规则的情况下，自主完成 2 对 1、3 对 2、3 对 3、4 对 4、5 对 5 的游戏与小场地比赛。足球课课赛分为初级、中级、高级比赛模式，通过限制比赛场地、人数、器材、规则进行难度提升，实施中教师要依据学生的实际水平进行选择，这样不仅能有效提高学生的技战术水平，激发运动兴趣，提高自主参与足球运动的兴趣，使学生在比赛中体验足球运动的乐趣，也能促使学生与同伴一起参与学练，适应新的合作环境，发扬团队精神。

二、设计思路

（一）课课赛框架设计

新课标提出了"学、练、赛"一体化教学模式，针对以往小学足球教学中学、练环节教学内容和教学模式单一的现象给出了明确的指引。通过"以赛促学、以赛代练、以赛促练"的教学新范式，以"赛"激发学生对足球的兴趣，依据学生的身心特点与身体发展敏感期，参照运动技能形成规律进行比赛设计，能有效促进学生足球技能与战术意识双提升。比赛围绕运球、传球、射门、技战术和小赛季进行整体设计，按照由浅入深、螺旋上升、横向贯通的原则，以真实比赛情境为依据，从单一技术、组合技术、个人技术、配合技术、区域战术、整体战术、赛季比赛等方面进行系统设计，最终实现提高学生足球比赛意识与能力的目的。

（二）课课赛技术特色

本部分依据新课标，设计了足球运球、传球、射门、技战术、小赛季 5 大类比赛，共计 40 个课例。每类比赛依据从单一技术到组合技术、从无球跑动接应到有球推进、从无对抗到有对抗、从简单情境到复杂情境的设计理念进行课时安排。纵向看螺旋上升，横向组合即为大单元教学设计 18 课时的比赛内容。例如，运球课课赛中的触球比多、急停急起，传球课课赛中的钻山洞、欢乐 2 对 2，射门课课赛中的百发百中、千变万化，技战术课课赛中的凌波微步、争分夺秒，加上小赛季挑战赛，共计 9 课时，可作为一个年级的 18 课时大单元教学比赛内容。

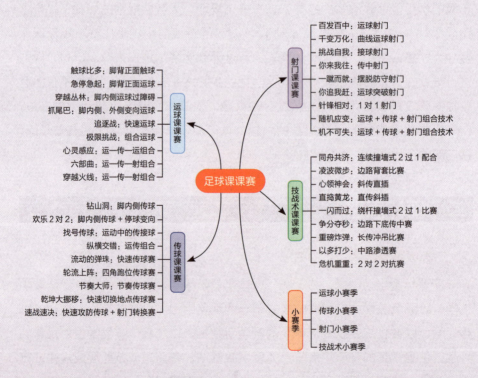

（三）课课赛技术分类与进阶

1. 研判技术元素，规划技能进阶

足球运动技术构成主要包括有球技术和无球技术，围绕课课赛的比赛设计规划，本部分主要定位于有球技术比赛。通过分析发现，运球、传球、射门、运球过人、头球、掷界外球、抢截球、守门员技术等均属于有球技术。为了有效培养广大学生的足球运动能力，本部分重点围绕着运球、传球、射门、战术和小赛季进行整体设计，从单一技术比赛逐步进阶为组合技术比赛，将体能（一般体能与专项体能）与技术动作练习巧妙融合，再进阶到技战术的配合比赛，最后形成融合技术、体能、战术的小赛季比赛，使学生在模拟真实足球比赛情境中可以全面发展技术、体能、战术等。

2. 明确比赛目的，提升比赛实效

设计比赛目的时一定要严谨缜密地考虑，基于学生的年龄特点、身心特征、学练兴趣、学练态度、比赛能力，并根据学生的技术能力、技能水平、运动能力、战术意识等进行整体思考，研判比赛追求的目标是否围绕着价值性、周期性、挑战性、融合性和指向性，形成精准定位，直指学生体育运动知识的获得、运动能力与运动技能的提升、体育锻炼意识与健康行为的形成，以及体育品德的养成。

3. 模拟真实情境，创新比赛方法

情境教学是学生非常喜爱的一种教学模式，学生能够在真实情境中全身心投入，主动学练、积极比赛，在真实情境中提前适应比赛、进入比赛状态，从而掌握能够在比赛中应用的真技术、真技能、真战术，形成真正的比赛意识。教师在设计比赛方法时，应紧紧围绕真实比赛情境构建，努力创新比赛方法，提升学生的比赛意识与能力。真实情境的设计应着重考虑场地与器材因素、参与人员因素、运动能力因素、技能应用因素、体能补偿因素、战术配合因素等，令学生在参赛过程中感受真实的防守压迫感、身体接触冲撞感、相互配合默契感、体能储备缺乏感等，从而为学生在真实比赛中充分发挥运动能力奠定基础。

三、实施建议

本部分基于足球项目特点，先对足球比赛的内容进行深入研究，明确足球比赛的各部分内容，让学生知晓场地与器材规划、人员分工设计、规则判罚依据等。引导学生先体验比赛，再通过判定胜负明确完整的比赛程序，之后再进行正式比赛，用引导的方式帮助学生明确比赛方法与规则，从而形成比赛意识，提升体能与运动技能，发展学生的比赛能力。

1. 创设多种形式的比赛情境，激发学生的学习兴趣，让学生在比赛中学练，既能产生愉悦的体验，又能习得运动技能。例如，在足球运球教学中，设计穿越丛林课课赛等，引导学生在比赛情境中逐步了解运动项目的规则，学会按照运动规则和要求参与学习和比赛，培养学生的规则意识和团队合作意识。

2. 体现足球运动的特点，比赛方法要相对简单，又具有一定变化。如在足球运球或传球教学中，通过从无人防守到有人防守、从消极防守到积极防守的变化，培养学生适应不同比赛环境的能力。

3. 重视足球比赛情境的创设，适当调整规则与要求，变换场地与器材等。如可以缩小场地、不设守门员、放大球门或设置多个小球门等，增加进球机会，激发学生学习的积极性，使学生获得成就感，建立自信心。

4. 注重精简多练的原则，把更多时间留给学生体验，让学生充分动起来、赛起来、乐起来。让学生尽早体验多种动作之间的联系，参与足球运动的完整活动，加深对足球项目的体验和理解。

5. 注重体能练习的多样性、趣味性、补偿性和整合性，促进学生体能的全面发展，培养学生勇于克服困难、坚持学练的意志品质。

一 运球课课赛

运球是足球比赛中最基础的技术，主要分为脚内侧、脚背正面、脚背外侧、脚背内侧运球。影响运球技术的要素有脚触球力量、球与身体的距离、变向时机等。运球课课赛通过基础的直线运球、快速运球、运传组合、运射组合、运传射组合，提高学生运球、控球、变向运球、运传射组合技术的能力，以及在比赛中运用所学技术的能力，发展学生的灵敏性、协调性、位移速度等体能素质，锻炼学生在比赛中摔倒时通过滚翻类动作保护自己的意识和能力，培养学生积极进取、遵守规则、自尊自信等优良的体育品德。

1 触球比多：脚背正面触球

【比赛目的】强化触球次数，提高球感及运球、控球能力；发展学生的协调性、灵敏性等体能素质；培养学生按照规则和要求参与体育活动的良好体育品德。

【比赛方法】在平整场地上选取长度为 20 米的区域，3 人一组，每人 1 球，从中场线开始，距离 15 米，运用脚背正面直线运球，在到达终点前最少触球 12 次以上，运球时始终对球保持有效控制，可单、双脚交替完成直线运球，运球至终点标志物后举手示意，下一名学生出发，用时最短的组获胜。（图 2-1）

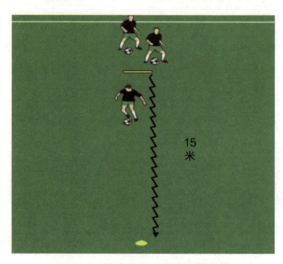

图 2-1 触球比多：脚背正面触球

【规则与裁判方法】

1. 必须采用脚背正面运球的方式，在运球时不得以任何方式干扰他人运球。

2. 以触球次数多少进行评判，触球次数相同则用时少者获胜。

3. 举手示意之后下一名学生才可以出发，不许提前出发。

【比赛建议】待学生掌握比赛方法、明确规则后，可以适当增加运球距离、触球次数；增加非优势脚触球次数，达到左右脚均衡发展。

2 急停急起：脚背正面运球

【比赛目的】提高学生在快速奔跑过程中急停急起运控球的能力；发展学生的位移速度、肌肉力量、协调性等体能素质；培养学生的团队精神和集体意识，能够正确看待比赛结果。

【比赛方法】在平整场地上选取长度为 20 米的区域，3 人一组，每人 1 球，距离 20 米，脚背正面运球，到达第一个标志碟时原地踩球 10 次，到达第二个标志碟时原地荡球 10 次，到达第三个标志碟时用脚外侧踩球 10 次，到达终点标志物时把球停稳后举手示意，下一名学生出发，用时最短的组获胜。（图 2-2）

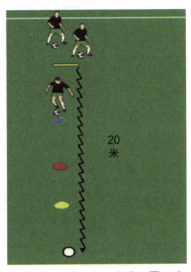

图 2-2 急停急起：脚背正面运球

【规则与裁判方法】

1. 不抢跑，不越线，必须用脚背正面运球。

2. 到达标志碟后必须完成相应的动作次数后才可以继续比赛。

3. 到达终点举手示意后，下一名学生才可以出发。

【比赛建议】在学生未熟练掌握时可仅用单脚运球，熟练掌握后可双脚交替运球；可以增加运球距离或增加次数。

3 穿越丛林：脚内侧运球过障碍

【比赛目的】提高学生运球变向和加速摆脱、控球、护球的能力；发展学生的灵活性、协调性；培养学生在有一定难度的体育游戏中勇敢顽强、克服困难的优良品质。

【比赛方法】在平整场地上选取长度为 20 米的区域，3 人一组，每人 1 球，在 12 米距离中放置 4 个障碍物，障碍物间隔 2 米，脚背正面运球 3 米，运球至障碍时，运用脚内侧运球过障碍物，连续过 4 个障碍物后，运球至终点标志物把球停稳，举手示意，下一名学生出发，用时最短的组

获胜。（图 2-3）

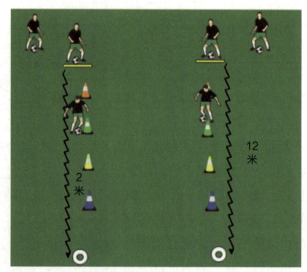

图 2-3　穿越丛林：脚内侧运球过障碍

【规则与裁判方法】

1. 必须运用脚内侧运球过障碍物，身体和球都不能触碰障碍物，连续运球过完 4 个障碍物。

2. 到达终点标志物后举手示意，下一名学生才可以出发。

3. 用时最短的组获胜。

【比赛建议】 在学生未熟练掌握时可以用单脚运球，熟练掌握后用双脚交替运球，还可以调整障碍物之间的距离，或把障碍物换成学生防守，防守强度根据具体情况合理安排。

4 抓尾巴：脚内侧、外侧变向运球

【比赛目的】 提高学生运球过程中抬头观察，以及快速判断、变向运球、急停急起、灵活应变的意识；发展学生的位移速度、灵敏性、协调性等体能素质；培养学生在有挑战性的体育游戏中迎难而上、努力坚持、表现自我、勇于争先的精神。

【比赛方法】 在 20 米 ×20 米的平整场地内，每人 1 球，10 名学生随机在场地内运球，背后腰间夹一件衣服作为道具"尾巴"。比赛开始后，所有学生跑动运球去抓其他运球学生的"尾巴",运球学生利用位移速度或变向运球躲避抓捕,被抓到的学生视为失败,离场 20 秒后回到比赛场地,继续比赛,2 分钟内抓到的"尾巴"最多者获胜。(图 2-4)

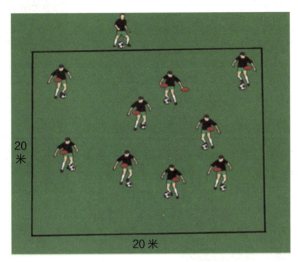

图 2-4 抓尾巴:脚内侧、外侧变向运球

【规则与裁判方法】

1. 运球时球出界或"尾巴"被抓到,必须离场 20 秒后才可以重回比赛场地。

2. 比赛中不能与他人发生身体接触。

【比赛建议】缩小比赛场地,增加人数,提高学生的变向和观察能力;比赛场地不变,减少人数,提高学生的快速运球、变向运球和观察能力。

5 追逐战:快速运球

【比赛目的】在有压迫的情况下,提高学生在快速奔跑中运球、控球及护球的能力;发展学生的灵敏性、位移速度等体能素质;培养学生在有挑战性的体育游戏中迎难而上,表现出自信和抗挫折的能力。

【比赛方法】在平整场地上选取长度为 20 米的区域,学生两人一组,相距 4 米,一人运球,一人进行无球追逐。比赛开始后,两名学生同时出发,1 号学生利用脚背外侧快速运球至终点,2 号学生快速追赶,若在到达终点前 2 号学生触摸到 1 号学生，则 2 号学生获胜，若 1 号学生到达终点前未被触碰，则 1 号学生获胜。（图 2-5）

【规则与裁判方法】

1. 听到哨声或口令后再进行比赛，不能抢跑，不能提前移动。

2. 必须用脚背外侧运球，球不能脱离运球队员的控制。

【比赛建议】可按照性别进行分组比赛，培养女生的参与兴趣；调整运球方法、距离及追逐双方学生的起始距离，增加比赛难度，激发学生参与比赛的愿望。

图 2-5　追逐战：快速运球

6 极限挑战：组合运球

【比赛目的】强化学生的球性练习，增强学生的球感，令学生在体能下降的条件下仍能表现出良好的控球能力；发展学生快速奔跑、急停急起、下肢灵活反应的能力；培养吃苦耐劳、勇于拼搏的优良品质。

【比赛方法】在平整场地上选取长度为 35 米的区域，放置敏捷梯 1 个、标志桶 1 个。比赛开始后，学生按规定完成敏捷梯练习，向前跑进拿球完成球感练习，通过快速外脚背运球把球控制在标志桶前停好后，完成比赛。用时最短的学生获胜。（图 2-6）

【规则与裁判方法】

1. 听到哨声或口令后出发，不能抢跑。

2. 必须按顺序完成比赛内容，若遗漏某项内容须回到相应位置继续比赛。

图 2-6　极限挑战：组合运球

3. 用外脚背运球，把球停在指定位置。

【比赛建议】调整敏捷梯动作方法、跑动距离（如折返跑）、球性练习种类、运球方式，以提高学生比赛兴趣。

7 心灵感应：运—传—运组合

【比赛目的】提高学生快速运球中抬头观察同伴、防守人、守门员等的意识，以及判断后直接或间接传球的能力，提高无球学生跟随及提前跑位的意识，形成局部短传配合的能力；发展学生的位移速度、灵敏性等体能素质；培养学生的责任意识和集体荣誉感，使其能正确看待比赛胜负。

【比赛方法】在 20 米 × 30 米的平整场地内，学生两人一组，相距 10 米，一人持球，一人进行无球跑位。比赛开始后，1 号与 2 号学生同时出发、同向跑进，1 号学生直线运球 10 米到指定位置后用脚内侧传球给 2 号学生，2 号学生接球后快速运球 10 米到指定位置，用时最短的组获胜。（图 2-7）

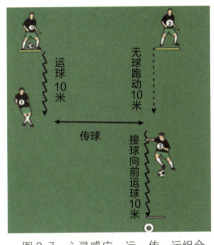

图 2-7 心灵感应：运—传—运组合

【规则与裁判方法】

1. 听到哨声或口令后再进行比赛，不得抢跑。

2. 在指定位置必须用脚内侧传地滚球。

3. 做到有效控球，不能把球踢过标志桶，将球停在标志桶位置即比赛结束。

【比赛建议】在运球、传球路线中增设障碍物，以提升学生的运球、控球及传球准确性。

8 六部曲：运—传—射组合

【比赛目的】提高学生的运球观察意识、判断后直接或间接传球的能力，以及在恰当时机的选择性射门能力，同时有利于增强学生的跑位意识，形成局部战术配合；发展学生的灵敏性、协调性、位移速度等体能素质；培养学生团队协作、积极进取、锲而不舍的优良品质。

【比赛方法】在 30 米 ×40 米的平整场地内，放置 1 个球门，设一名守门员。进攻学生两人结组，相距 10 米，一人持球，一人进行无球跑位。比赛开始后，1 号与 2 号学生同时出发、同向跑进，1 号学生运球到指定区域将球传给 2 号学生，2 号学生接球后运球与 1 号学生同向行进，到指定区域后 2 号学生再把球回传给 1 号学生，1 号学生运球并完成射门，在规定时间内配合进球多的组获胜。（图 2-8）

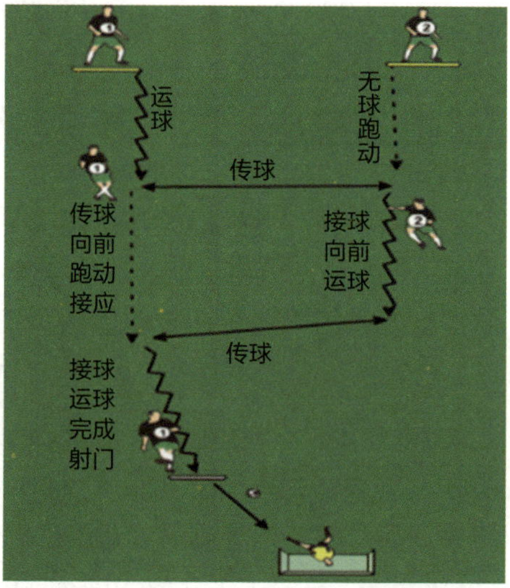

图 2-8　六部曲：运—传—射组合

【规则与裁判方法】

1. 听到哨声或口令后再进行比赛。

2. 不得超越 10 米线进行传球。

3. 必须运球至指定位置，运用脚背正面在限制线后完成射门。

【比赛建议】在运球、传球路线中增设障碍物，或在无球队员跑动路线上增设干扰学生，提高难度，激发学生练习兴趣。

9 穿越火线：运—传—射组合

【比赛目的】在对抗的条件下，提高学生护球、运球、控球，以及摆脱防守学生后准确传球的能力，培养无球学生的跑位意识，形成局部短传配合及把握时机快速运球后完成射门的能力，为养成技战术配合意识奠定基础；发展学生的灵敏性、协调性、位移速度等体能素质；培养学生勇于挑战、敢于突破自我、团结协作的优良品质。

【比赛方法】在 30 米 ×40 米的平整场地内，放置 1 个球门，设一名守门员、两名防守学生。进攻学生两人结组，相距 10 米，一人持球，一人进行无球跑位。比赛开始后，1 号学生与 2 号学生同时出发、同向跑进，1 号学生直线运球，且有学生进行防守干扰，1 号学生突破防守后运球至指定区域传球给 2 号学生，2 号学生接球后运球，有学生进行防守干扰，提前传球给 1 号学生，1 号学生跑动接球后继续运球到指定位置完成射门，2 号学生跑动准备补射。在规定配合次数进球多的组获胜。（图 2-9）

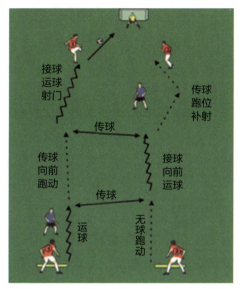

图 2-9　穿越火线：运—传—射组合

【规则与裁判方法】

1. 听到哨声或口令后再进行比赛。

2. 防守学生消极防守，不得阻挡犯规。

3. 必须运球至指定位置，运用脚内侧在限制线后完成射门。

【比赛建议】学生射门能力较弱时，防守方可以不增设守门员，或设置多个球门；待学生能力提高后，可增设守门员提高难度。

二 传球课课赛

在足球比赛中，传球技术的运用往往决定着比赛的结果。传球的基本要素包括传球准确性、传球力量、无球跑位接应时机、传球时机等。传球课课赛设计了传球比准、双人传球合作、快速传球、快速攻防传球等内容，从简单情境过渡到复杂情境，接近实战比赛，可以帮助提高学生的传球力量、传球准确性、无球跑位能力及在实战中合理运用所学技术的能力，发展学生的灵敏性、协调性、位移速度、肌肉力量等体能素质，培养学生在比赛中积极与同伴沟通、勇敢顽强、诚信自律、文明礼貌等优良的体育品德。

10 钻山洞：脚内侧传球

【比赛目的】提高学生的脚内侧传球技术和传球准确率，使其可以掌握合适的传球力量，为比赛中能够传准球做好准备；发展学生的灵敏性、协调性、位移速度等体能素质；培养学生团队协作、积极进取、锲而不舍的优良品质。

【比赛方法】在 20 米 × 20 米的平整场地内，利用标志桶摆放 1 个 1.2 米的球门，学生两人结组，相距 8 米，利用脚内侧传球技术完成传接球，规定时间内传接球次数多的组获胜。（图 2-10）

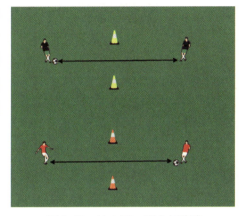

【规则与裁判方法】

1. 听到哨声后再进行比赛。

2. 不得超越 8 米线进行传球。

3. 必须在指定区域进行传球。

图 2-10 钻山洞：脚内侧传球

【比赛建议】练习一段时间后可以把球门缩小、传球距离拉长，以提高学生传球力量及传球准确率；传球技术熟练后可变成 2 桶 3 门的训练，并增加脚下移动及停球变向。

11 欢乐 2 对 2：脚内侧传球 + 停球变向

【比赛目的】提高学生的传球准确率，掌握合适的传球力量，提高队友之间的默契，使其能够观察场上防守队员位置，通过传接球摆脱防守队员；发展学生的灵敏性、协调性、位移速度等体能素质；培养学生团队协作、积极进取、锲而不舍的优良品质。

【比赛方法】在 8 米 × 12 米的场地内进行比赛，利用标志碟摆出边线，中间拉一根 40 厘米高的横绳，4 人一组，每组 1 球，2 对 2 进行比赛，1 号学生持球可以在横绳下面直接传到对方半场，也可以传递给 2 号学生以拉扯防守队员，传过去的球不被对方接到得 1 分，2 分钟内得分多的组获胜。（图 2-11）

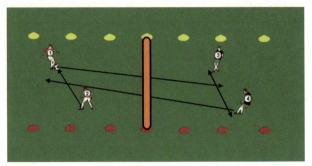

图 2-11 欢乐 2 对 2：脚内侧传球 + 停球变向

【规则与裁判方法】

1. 听到哨声或口令后再进行比赛。

2. 球不得触碰到中间横绳。

3. 必须在指定区域进行传球。

【比赛建议】进行停、传、射结合比赛，可以把横绳的高度降低到 30 厘米，以提高学生传地滚球能力；熟练后进行传、射结合比赛，教师规定球在横绳下或上通过，以增加学生传球脚法的变化，提高对球的控制能力。

12 找号传球：运动中的传接球

【比赛目的】提高学生合理运用传接球技术的能力，使传接配合简洁、流畅，控球目的明确，为下一动作做好准备，能保持球处于运动状态，传接配合不间断；发展学生的灵敏性、协调性、位移速度等体能素质；培养学生团队协作、积极进取的优良品质。

【比赛方法】比赛在 20 米 ×20 米的场地内进行，利用 6 个标志碟摆出不规则的路线，6 人一组，每组 1 球。6 名学生沿标志碟慢跑，教师把球传递给任意一名学生，接到球后可最多运球 5 米，抬头观察后传给下一个顺序号的队员，完成 1 轮得 1 分。5 分钟内得分多的组获胜。（图 2-12）

【规则与裁判方法】

1. 听到哨声或口令后再进行比赛。

2. 接到球后运球不可超过 5 米。

3. 必须在指定区域进行传球。

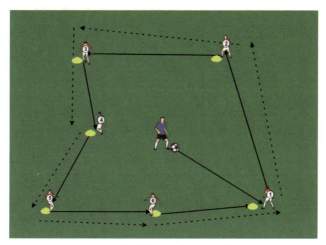

图 2-12 找号传球：运动中的传接球

【比赛建议】可以逆时针传球，熟练后再根据教师的报数，传球队员快速找到慢跑的队员进行传球，要求在比赛中不断观察并呼喊队友；熟练后增大场地，散点跑动，可安排一名防守队员进行逼抢，通过跑动和观察，保持球处于运动状态，传接配合不间断，增加练习难度，如限定学生只能用弱势脚传球，或只能用某一种脚法传球，增加趣味性。

13 纵横交错：运传组合

【比赛目的】提高学生的运球、传接跑动组合技术水平，使传接配合简洁、流畅，控球目的明确，保持球处于运动状态、传接配合不间断；发展学生的灵敏性、协调性、位移速度等体能素质；培养学生团队协作、积极进取的优良品质。

【比赛方法】比赛在 20 米 ×30 米的平整场地内进行，中心放置 4 个标志桶，每个标志桶后 8 米处站 4 名学生，每组的 1 号学生持球，快速运球到标志桶做拖拉球动作后传球给另外一组的 2 号学生，然后跑到另外一组的队尾。本组 4 人都转换到下一个组得 1 分，5 分钟内得分多的组获胜。（图 2-13）

【规则与裁判方法】

1. 听到哨声或口令后再进行比赛。

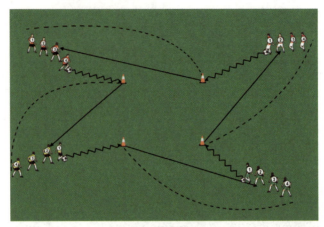

图 2-13　纵横交错：运传组合

2. 运球、传球、跑动位置准确，不能抄近路。

3. 必须在指定区域进行传球。

【比赛建议】可以拉大距离，以提高学生运球的位移速度和传球准确率，跑动积极；每个标志桶前面增加一名防守队员，进行运球过人摆脱防守队员后传球，提升实战体验。

14 流动的弹珠：快速传球赛

【比赛目的】提高学生的观察预判能力，以及快速反应后的传接球能力；发展学生的灵敏性、位移速度、协调性等体能素质；培养学生的规则意识和积极进取、勇于克服困难的精神。

【比赛方法】放置 4 个标志桶，圈出边长为 10 米 ×10 米的场地，4 名学生组队分别站在黄色标线后，1 号、2 号、3 号学生呈弧形站立，每人之间的距离为 2.5 米，4 号学生和 1 号、2 号、3 号学生之间的距离为 7 米。1 号学生和 2 号学生持球。比赛开始后，1 号学生将球传给 4 号学生，4 号学生立刻将球传给 3 号学生，无球后，2 号学生将球传给 4 号学生，4 号学生再将球传给 1 号学生，以此类推，持续传球，在规定的时间内哪组的 4 名学生传球成功次数最多即获胜。（图 2-14）

【规则与裁判方法】

1. 听到哨声或口令后开始比赛。

2. 比赛可分若干组进行，每次比赛 2 分钟。

3. 比赛中学生要在黄色标线后传接球，不得随意挪动位置、缩短传球距离，并要始终在圈定的区域内进行比赛。

【比赛建议】当学生熟练掌握后，可要求其完成一脚出球，提高难度；根据学生的技能掌握程度，可限制不同宽度的区域，让学生将球从设定的区域传给同伴。

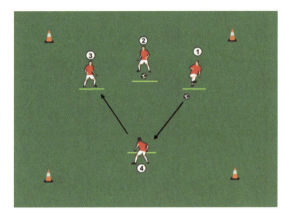

图 2-14 流动的弹珠：快速传球赛

15 轮流上阵：四角跑位传球赛

【比赛目的】提高学生在快速运球移动中的传球准确性，同时增强学生的跑位意识及观察能力；发展学生的位移速度、灵敏性、协调性等体能素质；培养学生积极进取、不怕困难、团结协作的体育精神。

【比赛方法】在平整场地上画边长为 20 米的正方形，将学生分为 4 组，每组在正方形的四个角外面对场内成纵队站好，其中一组排头用脚控制一个足球。比赛开始后，控球的学生运球沿逆时针方向运出 5 米左右，将球传给下一组跑出接球的学生，同时自己快速起动跑向对方的排尾，下一组的学生接球后继续沿逆时针方向运球后传球给下一组的学生，以此类推，循环进行。在 5 分钟的时间内，成功传球次数多的组获胜。（图 2-15）

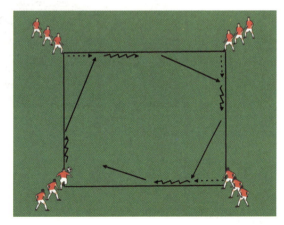

图 2-15 轮流上阵：四角跑位传球赛

【规则与裁判方法】

1. 听到哨声或口令后再开始比赛。

2. 比赛中接球的学生要及时上前接球，不可以在原地等球。

3. 不得随意缩小场地，学生在丢球后捡球过程中不得干扰其他组比赛。

【比赛建议】当学生熟练掌握比赛方法后，可以多加入一个球进行比赛；比赛中教师可以随时叫停，变换运球的方向（如从顺时针到逆时针）。

16 节奏大师：节奏传球赛

【比赛目的】通过练习短传、长传技术，提高学生传球的准确性、观察意识和无球跑位能力；发展学生的协调性、灵敏性、位移速度等体能素质；培养学生的合作意识与精益求精的优良品质。

【比赛方法】用 4 个大号标志桶围成 35 米 ×25 米的场地，所有学生分散站在其中。学生可分为若干组，每组 3 ~ 5 人，每组 1 个足球。比赛开始后，各组学生按照短传—长传的顺序连续互相传球，短传 5 ~ 10 米，长传 15 ~ 25 米，在 5 分钟的时间内，成功传球次数多的组获胜。（图 2–16）

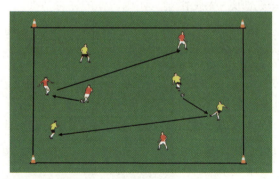

图 2–16　节奏大师：节奏传球赛

【规则与裁判方法】

1. 传球学生要按照短传—长传的顺序进行传球。

2. 短传时必须是地滚球。

3. 学生始终要在场地内进行比赛，如丢球，在捡球过程中不得干扰其他组比赛。

【比赛建议】在熟练掌握后，可以通过限定学生的触球次数来提高比赛的挑战性；各组还可通过增加一名防守学生来提高难度。

17 乾坤大挪移：快速切换地点传球赛

【比赛目的】在指定的区域，通过进攻方不断快速改变传球点以避开防守方的封锁，培养学生在一定防守压力下传球的准确性和稳定性，增强其观察能力和无球跑动接应的意识；发展学生的灵敏性、协调性、位移速度等体能素质；培养学生勇敢顽强、不怕困难、团结协作的精神。

【比赛方法】在平整的场地上画出 20 米 ×15 米的场地，将学生分为进攻方 6 人和防守方 3 人，进攻方在场地的 4 条边线外均匀分布站立，防守方站在场地内。比赛开始后，进攻方学生之间开始传球，可以在场地外无球移动跑动接球。防守方学生联合起来封锁对方能传球的空间，并争取抢夺控球权。比赛持续 5 分钟，如果进攻学生连续传球 6 次以上得 2 分，防守方抢球成功得 1 分。每场比赛后，学生交换角色，比赛共进行 3 场，得分最高的小组获胜。（图 2-17）

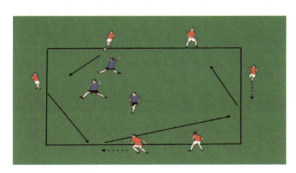

图 2-17 乾坤大挪移：快速切换地点传球赛

【规则与裁判方法】

1. 比赛中，进攻方学生不得进入场地内。

2. 进攻方学生在传球前，触球次数不能多于 3 次。

3. 防守方学生拦截到球后，必须及时将球交给距离自己最近的进攻方学生。

【比赛建议】当学生熟练掌握比赛规则后可缩小比赛场地面积，加大难度进行比赛；限制更少的触球次数或增加防守学生进行比赛。

18 速战速决：快速攻防传球 + 射门转换赛

【比赛目的】在局部以多打少的情境中，通过限制进攻学生传球的次数完成射门，培养学生在较小区域内无球移动跑位的意识，提高其传接球的准确性和快速攻守转换的能力；发展学生的灵敏性、协调性、位移速度等体能素质；培养学生勇敢顽强、遵守规则和公平竞争的体育品德。

【比赛方法】用 4 个标志桶围成约 25 米 ×20 米的场地。将 9 名学生分成 3 组，每组 3 人，分别穿红色、黑色和黄色球衣，分散于场地中。比赛开始后，首先红队学生和黑队学生相互传球，传球成功次数达到要求后随即完成射门。黄队为防守队，试图得到控球权，若黄队拿到控球权或球跑到场外，则失误的队转变为防守队。比赛时间为 5 ~ 10 分钟，进攻的两队之间每成功传球 3 次便可以完成射门，射进球门则进攻队得 1 分，最后得分最多的队获胜。（图 2-18）

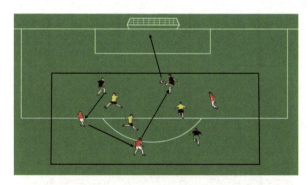

图 2-18　速战速决：快速攻防传球 + 射门转换赛

【规则与裁判方法】

1. 采用正式足球比赛规则进行比赛。

2. 只能在限制区域内完成比赛。

3. 学生应全力以赴完成比赛，若有消极比赛的现象则成绩无效。

【比赛建议】学生能够熟练掌握比赛规则后，可设置守门员以增加比赛难度；增加进攻队的传球次数。

三　射门课课赛

　　射门是足球比赛中得分的最终手段，也是学生最感兴趣的技术。射门课课赛从直线运球射门、曲线运球射门到突破射门、组合技术射门，从简单的单一射门技术过渡到接近实战的射门比赛，旨在提高学生的射门技术，提升在实战比赛中对所学技术的运用能力，学会在比赛中紧急处理扭伤等运动损伤，发展学生的灵敏性、协调性、位移速度等体能素质，培养学生不怕困难、公平竞争、正确看待胜负等优良的体育品德。

19 百发百中：运球射门

【比赛目的】强化学生运球射门的基本技术；增强学生腿部力量及核心部位发力的连贯性、协调性，发展学生的灵敏性、反应能力、位移速度等体能素质；培养学生积极进取、顽强拼搏的意志品质。

【比赛方法】在五人制足球场半场内，设置 1 个球门，将学生以 5 人一组分成若干小组，每人 1 球。队员运球至规定的地点射门，射中球门的中间区域得 1 分，射中球门两边区域得 3 分。小组之间进行成绩对比，得分高的队为获胜队。（图 2-19）

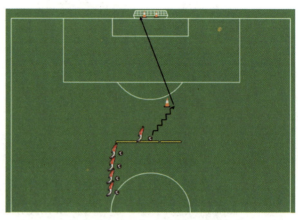

图 2-19　百发百中：运球射门

【规则与裁判方法】

1.听到哨声或口令后再进行比赛。

2.必须运球到指定位置，在限制线后完成射门。

【比赛建议】使用非惯用脚以增加比赛难度；增加守门员进行射门练习。

20 千变万化：曲线运球射门

【比赛目的】提高学生曲线运球射门的观察意识和运球后的射门意识，同时提高学生摆脱射门的能力和准确性；发展学生的灵敏性、协调性、位移速度等体能素质；培养学生独立思考、刻苦锻炼等精神品质。

【比赛方法】在五人制足球场半场内，设置 1 个球门，将学生以 5 人一组分成若干小组，每人 1 球。学生绕过标志物在规定的地点射门，射中球门的中间区域得 1 分，射中球门的两边区域得 3 分。小组之间进行成绩对比，得分高的队为获胜队。（图 2-20）

【规则与裁判方法】

1.听到哨声或口令后进行比赛。

图 2-20 千变万化：曲线运球射门

2. 在大禁区外进行射门。

3. 按照标志桶位置，逐一进行曲线运球完成比赛。

【比赛建议】增加防守学生或障碍物；使用非惯用脚射门，在大禁区外进行射门。

21 挑战自我：接球射门

【比赛目的】提高学生在无防守学生的情况下跑动射门的技术水平，提高学生在接球时把握跑位、呼应及射门时机的能力；发展学生的灵敏性、位移速度等体能素质；培养学生团队协作、勇敢顽强、机智果断的优良品质。

【比赛方法】在五人制足球场半场内，设置 1 个球门，5 名学生为一组，学生每人 1 球，教师站于标志桶处，学生从起点区域开始将球传给教师，绕过 2 个标志桶，当跑到教师身后时发出信号让教师传球，接到教师传球后直接射门。射进球门可获得 1 分，最后累计总分，射进球门最多的小组获胜。（图 2-21）

【规则与裁判方法】

1. 接到教师传球后不能运球，直接射门。

2. 学生必须按照既定路线完成进攻及射门。

【比赛建议】一半的学生站于教师身后充当防守学生。在教师传球的瞬间，防守学生跑出进行干扰，并争取防止进攻学生进球。

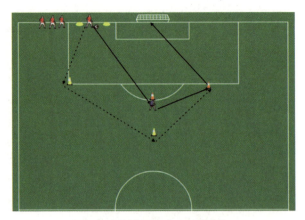

图 2-21 挑战自我：接球射门

22 你来我往：传中射门

【比赛目的】提升学生接到传中球后的射门能力，使学生在跑动中边关注球和球门的动态，边学习直接射门的技巧；发展学生的位移速度、反应能力、肌肉力量等体能素质；培养学生勇敢、果断、机智的优良品质。

【比赛方法】在五人制足球场内，将学生分成 2 组，每组 5 名学生，每人 1 个球，两组学生分别在两侧球门的旁边排成一列。传球学生踢出地滚传中球，从对面跑来的球员接球后直接射门。球射进得 1 分，最后累计积分，积分多者获胜。（图 2-22）

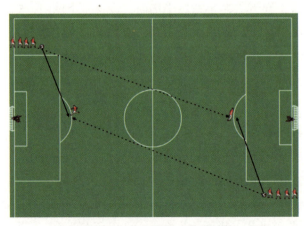

图 2-22 你来我往：传中射门

【规则与裁判方法】

1. 在跑动过程中，射门学生按照规定路线跑进，只有前面队友将球踢出，下一名学生才能出发。

2. 传球时，不得直接将球踢出界外。

【比赛建议】可以在小禁区外增设防守学生，以增加难度；底线的学生将球传中，中路学生再回传底线学生，底线学生运球到对面球门前进行射门。

23 一蹴而就：摆脱防守射门

【比赛目的】提高进攻学生摆脱防守学生射门的能力；发展学生的位移速度、灵敏性、协调性等体能素质；培养学生的团队合作意识和抗干扰能力。

【比赛方法】在五人制足球场半场内，10 人参赛，5 人为一组，设守门员一名，教师站于侧面传球。两名队员同时站于线后，听到哨声后，红队学生快速绕过 2 号标志杆，接教师的传球后完成射门。黄队学生同时起跑，在红队学生前面进行干扰，争取抢下球或干扰对方射门。当红队学生运球到 1 号标志桶时，必须完成射门。红队进球得 1 分，黄队抢断球得 2 分，干扰对方导致其射门失误得 1 分。累计总分，积分多的队获胜。（图 2-23）

图 2-23 一蹴而就：摆脱防守射门

【规则与裁判方法】

1. 防守学生进行干扰和抢球时，不能拉拽和推搡进攻学生。

2. 必须按照既定路线跑进。

【比赛建议】学生右脚接球后，用脚背正面进行射门；进攻队员在接球后，将球踢向球门左上角或右下角完成射门。

24 你追我赶：运球突破射门

【比赛目的】提高学生在对抗中射门的能力；发展学生的位移速度、灵敏性、协调性等体能素质；培养学生集中注意力和抗干扰的能力。

【比赛方法】在 40 米 ×16 米的平整场地内，设 1 个球门，将学生分为红、黄两组，3 名学生为一组。在每轮比赛中，学生左右相距 10 米，站于起点线处。比赛开始后，教师从比赛学生身后将球传出，两名学生开始争抢球，抢到球的学生进攻，无球学生防守，进攻学生在小禁区外完成射门。打进球门得 1 分。最后累计两组学生的得分数，得分多的组获胜。（图 2-24）

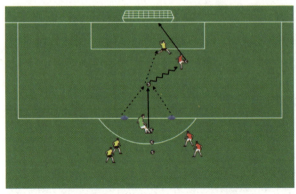

图 2-24　你追我赶：运球突破射门

【规则与裁判方法】

1. 比赛时，学生站在起点线准备，当老师将球踢出后方可争抢球，不得提前出发。

2. 持球学生运球突破至小禁区外完成射门，进入小禁区射门则进球无效，给对方增加 1 分。

3. 比赛过程中学生要采用合理的动作，禁止出现犯规动作，若出现犯规情况，给对方增加 1 分。

【比赛建议】比赛开始前，两名队员背向进攻方向，听到哨声后再开始比赛；增加一名守门员防守，以提高射门得分的难度。

25 针锋相对：1 对 1 射门

【比赛目的】提高学生在比赛场上的观察意识，以及运球突破射门的能力；发展学生的位移速度、灵敏性、协调性等体能素质；培养学生积极进取、勇于突破的优良品质。

【比赛方法】在 40 米 ×16 米的平整场地内，设 1 个球门，4 名学生为一组。每轮比赛设一名进攻学生，一名防守学生，完成 2 轮比赛后，按照进攻先后顺序轮换攻防角色。比赛开始后，在出发区域，一名持球学生运球突破，一名学生消极防守，必须在小禁区外完成射门。射中球门的中间区域得 1 分，射中球门两边区域得 3 分。计算每名学生的分数，4 名学生以得分排名。（图 2-25）

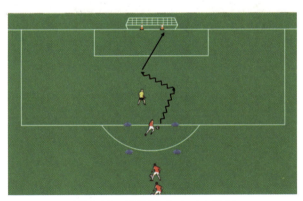

图 2-25 针锋相对：1 对 1 射门

【规则与裁判方法】

1. 持球学生运球突破至小禁区外完成射门，进入小禁区射门则无效，且给对方增加 1 分。

2. 在比赛过程中，学生要采用合理的动作，禁止出现犯规动作，若出现犯规情况，则给对方增加 1 分。

3.球出界后比赛结束，不加分，不扣分。

【比赛建议】防守学生由消极防守改为积极防守；增加一名守门员防守，以提高射门得分的难度。

26 随机应变：运球 + 传球 + 射门组合技术

【比赛目的】通过比赛提高学生在比赛场上的观察意识，以及射门决策和快速射门的能力；发展学生的位移速度、灵敏性、协调性等体能素质；培养学生团队配合、勇于突破的优良品质。

【比赛方法】在 20 米 ×15 米的比赛场地内，设 3 个球门，将 6 人分为 3 队，每队 1 球，不设守门员。比赛开始后，3 队学生从出发区域运球出发，同队学生通过传接配合完成进攻射门。第一轮比赛黄队踢 1 号球门、红队踢 2 号球门、蓝队踢 3 号球门，第二轮比赛黄队踢 2 号球门、红队踢 3 号球门、蓝队踢 1 号球门，第三轮比赛黄队踢 3 号球门、红队踢 1 号球门、蓝队踢 2 号球门，3 轮比赛结束后射门得分最多的队获胜。（图 2-26）

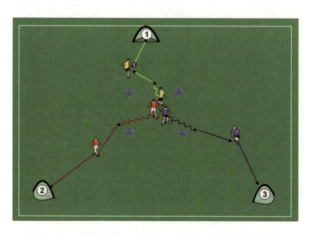

图 2-26 随机应变：运球 + 传球 + 射门组合技术

【规则与裁判方法】

1.从出发区域运球出发，不得直接传球。

2.射门进球加 1 分，不进球或球出界不加分。

3.按照规定的球门完成进攻射门，两队不得同时进攻同一个球门。

【比赛建议】球门内摆上 1 个标志桶，射门将桶踢倒加 2 分；在球门前 2 米 ×2 米的区域外射门，踢倒标志桶加 4 分。

27 机不可失：运球 + 传球 + 射门组合技术

【比赛目的】提高学生快速进攻以及在比赛中处于人数劣势时合理应对比赛的能力；发展学生的位移速度、灵敏性、协调性等体能素质；培养学生团队配合、勇于突破的优良品质。

【比赛方法】在 40 米 ×30 米的比赛场地内，设 2 个球门，将 12 人分为两队，在比赛场地外摆放一列标志桶，桶间距离 1 米。比赛开始后，两队进行 6 对 6 比赛。比赛中任何一方学生射门时球偏出球门或出界后，比赛正常进行。该学生应迅速跑到场外运球绕标志桶 1 个往返，然后再回到比赛中。规定时间内，得分多的队获胜。（图 2-27）

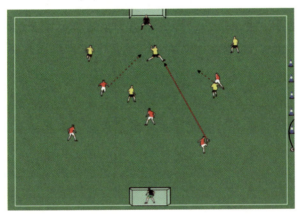

图 2-27 机不可失：运球 + 传球 + 射门组合技术

【规则与裁判方法】

1. 听哨声开始和结束比赛。

2. 比赛过程中学生要采用合理的动作，禁止出现犯规动作，若出现犯规情况，给对方增加 1 分。

【比赛建议】30 秒内完成进攻射门，若超时则比赛结束，交换攻守方，由对方发起进攻，5 分钟内得分多的队获胜；在球门前增加 10 米 ×2 米的守门员安全区域，进攻方在该区域外完成射门。

足球比赛中，技战术是高于技术的部分，同时技战术又依托于技术。技战术课课赛从简单的撞墙式二过一、直传斜插、斜传直插等战术过渡到边中结合、中路渗透、实战比赛，帮助学生建立无球跑位与配合意识，提高传球的准确性，以及在实战比赛中对所学技术的运用能力，学会在比赛中积极地与同伴沟通。同时，发展学生的位移速度、灵敏性等体能素质，培养学生的团队精神、责任意识、尊重裁判、尊重对手等良好体育品德。

28 同舟共济：连续撞墙式 2 过 1 配合

【比赛目的】提高学生传球的准确性及控制传球力度的能力，建立无球跑位和配合意识；发展学生的位移速度、灵敏性等体能素质；培养学生团队协作、积极进取的优良品质。

【比赛方法】在 20 米 × 20 米的平整场地内，四角分别摆放标志桶，学生两人一组。比赛开始后，1 号学生持球将球传给 2 号学生后迅速直线插上，2 号学生不停球直接绕过标志桶将球回传给 1 号学生，完成撞墙式 2 过 1 配合。1 号学生按逆时针路线运球到下一个标志桶，继续与 2 号学生完成 2 过 1 配合，成功完成 4 次 2 过 1 配合且用时最短的组获胜。（图 2-28）

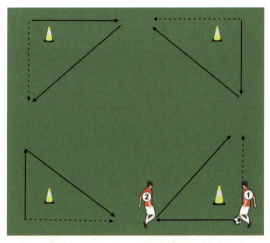

图 2-28　同舟共济：连续撞墙式 2 过 1 配合

【规则与裁判方法】

1. 听到哨声或口令后再开始比赛。

2. 在规定场地内完成比赛，不得出线，若出线则增加 5 秒。

3. 学生与球不得碰到标志桶，违反规则增加 5 秒。

【比赛建议】熟悉比赛后，利用非惯用脚完成比赛；在七人制足球场半场内，增加球门和一名干扰的防守学生，形成 2 对 1 攻防演练，成功完成 1 次撞墙式 2 过 1 配合后射门进球得 1 分，累计得分高的小组获胜。

29 凌波微步：边路背套比赛

【比赛目的】学生能够建立无球跑位和配合意识，提高传球的准确性与控制传球力度的能力；发展学生的位移速度、灵敏性等体能素质；培养学生团队协作、积极进取的优良品质。

【比赛方法】在 20 米 ×20 米的平整场地内，四角分别摆放标志桶，学生两人一组。比赛开始后，1 号学生持球，将球传给 2 号学生后迅速向 2 号学生身后跑，绕过 2 号学生，2 号学生接球后向标志桶运球，距离标志桶大约 1.5 米时，将球传给后插上来的 1 号学生，完成边路背套配合。1 号学生按逆时针路线运球到下一个标志桶，继续与同伴完成边路背套配合，成功完成 4 次边路背套配合且用时最短的小组获胜。（图 2-29）

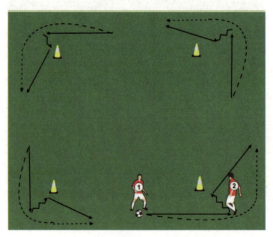

图 2-29　凌波微步：边路背套比赛

【规则与裁判方法】

1.听到哨声或口令后再开始比赛。

2.在规定场地内完成比赛，不得出线，若出线则增加 5 秒。

3.学生与球不得碰到标志桶，违反规则增加 5 秒。

【比赛建议】熟悉比赛后，利用非惯用脚完成比赛；在七人制足球场半场内，增加球门和一名干扰的防守学生，形成 2 对 1 攻防演练，成功完成 1 次边路背套配合后射门进球得 1 分，累计得分高的小组获胜。

30 心领神会：斜传直插

【比赛目的】提高学生传球的准确性和对传球时机的判断能力，建立无球跑位与配合意识；发展学生的位移速度、灵敏性等体能素质；培养学生团队协作、积极进取的优良品质。

【比赛方法】在 20 米 ×30 米的平整场地半场内，将学生分为 3 人一组。比赛开始后，1 号学生持球，将球传给 2 号学生后沿边线迅速直线插上，2 号学生接球后绕开 3 号学生将球传给 1 号学生，完成斜传直插配合。30 秒内成功完成 1 次斜传直插配合后射门进球得 1 分，累计得分高的小组获胜。（图 2-30）

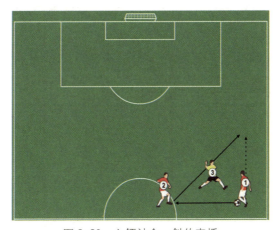

图 2-30 心领神会：斜传直插

【规则与裁判方法】

1. 听到哨声或口令后再开始比赛。

2. 在规定场地内完成比赛，不得出线，若出线则防守学生加 1 分。

3. 若防守学生成功抢断，则防守学生加 2 分。

【比赛建议】熟悉比赛后，利用非惯用脚完成比赛；增加一名守门员，形成 2 对 2 攻防演练，30 秒内成功完成 1 次斜传直插配合后射门进球得 1 分，累计得分高的小组获胜。

31 直捣黄龙：直传斜插

【比赛目的】提高学生传球的准确性和对传球时机的判断能力，建立无球跑位与配合意识；发展学生的位移速度、灵敏性等体能素质；培养学生团队协作、积极进取的优良品质。

【比赛方法】在 20 米 ×30 米的平整场地半场内，将学生分为 3 人一组。比赛开始后，1 号学生持球，将球传给 2 号学生后迅速沿斜线向边路插上，2 号学生接球后绕开 3 号学生将球传给插上的 1 号学生，完成直传斜插配合。30 秒内成功完成 1 次直传斜插配合后射门进球得 1 分，累计得分高的小组获胜。（图 2-31）

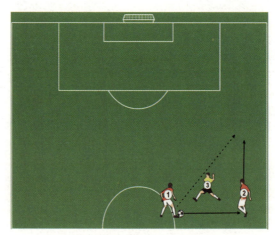

图 2-31　直捣黄龙：直传斜插

【规则与裁判方法】

1. 听到哨声或口令后再开始比赛。

2. 在规定场地内完成比赛，不得出线，若出线则防守学生加 1 分。

3. 若防守学生成功抢断，则防守学生加 2 分。

【比赛建议】熟悉比赛后，利用非惯用脚完成比赛；增加一名守门员，形成 2 对 2 攻防演练，30 秒内成功完成 1 次斜传直插配合后射门进球得 1 分，累计得分高的小组获胜。

32 一闪而过：绕杆撞墙式 2 过 1 比赛

【比赛目的】提高学生的运球观察意识和传球能力，以及选择恰当射门时机的能力，同时有利于增强学生的跑位意识，从而形成局部战术配合；发展学生的灵敏性、协调性、位移速度等体能素质；培养学生团队协作、积极进取、锲而不舍的优良品质。

【比赛方法】在罚球区正前方，将学生分为 4 人一组的若干小组，一人运球绕杆后与指定位置的同伴进行 2 过 1 传球射门，形成区域性 2 打 1，实现局部以多打少。射门后，替换指定位置学生，进行下一次传球，4 人交替进行，共进行 10 次比赛，进球数多的小组为胜。（图 2-32）

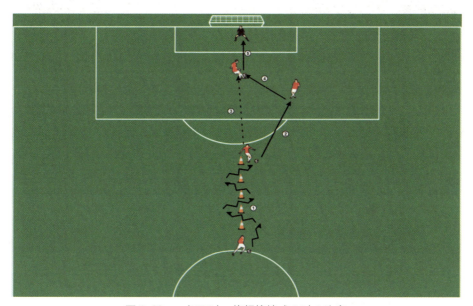

图 2-32　一闪而过：绕杆撞墙式 2 过 1 比赛

【规则与裁判方法】

1. 听到哨声或口令后再开始比赛。

2. 运球绕过所有标志桶才能传球。

3. 射门学生在接应学生传球时身位不得超过接应学生。

【比赛建议】增加一名防守学生，接到同伴传球后摆脱防守学生进行射门；增加两名防守学生，进行区域 2 对 2，提高学生临场决策能力。

33 争分夺秒：边路下底传中赛

【比赛目的】提高学生的运球观察意识，使其可以根据队友的位置正确选择传球落点；发展学生的位移速度、协调性等体能素质；培养学生团结协作、积极进取的品质。

【比赛方法】在七人制足球场半场内，将学生分为两人一组的若干组，中路有球学生将球传给边路插上的学生，边路学生运球下底完成传中，中路接应学生接球后完成射门。共进行 10 次比赛，进球数多的组为获胜组。（图 2-33）

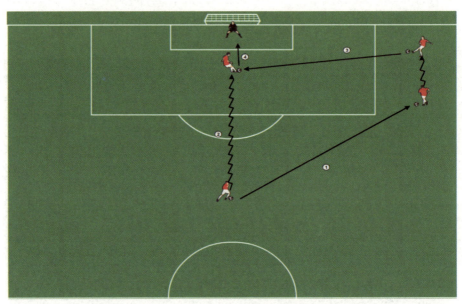

图 2-33　争分夺秒：边路下底传中赛

【规则与裁判方法】

1. 听到哨声或口令后再开始比赛。

2. 边路队员传球时，中路学生的身位不得超过边路学生。

3. 传中学生不得将球直接传给守门学生。

【比赛建议】增加一名防守学生，增加进攻难度，提高学生应赛能力；增加一名进攻学生，传中学生根据中路跑动情况决定传前点还是后点。

34 ▶ 重磅炸弹：长传冲吊比赛

【比赛目的】学生能够熟练运用脚背正面停高空球技术，提高学生的运球观察意识，明确比赛中停高空球一般多发生于边路下底传中和后场长传，同时能够快速由守转攻；发展学生的位移速度、灵敏性、耐力等素质；培养学生不畏艰苦、团结协作的优良品质。

【比赛方法】在七人制足球场内，将学生分为两人一组的若干组，接应学生从中线向罚球区附近快速跑动，后场学生利用脚背内侧将球传给罚球区外的接应学生，接应学生停球后根据防守学生位置选择摆脱方向，创造出射门空间进行射门。共进行 10 次比赛，进球得 1 分，进球数多的组为获胜组，防守学生成功防守 1 次得 1 分。（图 2-34）

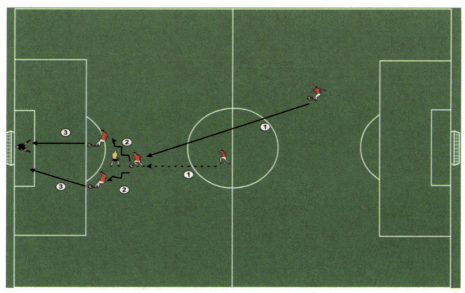

图 2-34　重磅炸弹：长传冲吊比赛

【规则与裁判方法】

1. 听到哨声或口令后再开始比赛。

2. 接应学生不得处在越位位置。

3. 接应学生跑动后，传球学生方可传球。

【比赛建议】本方半场内设置一名防守学生，接应学生接球后摆脱防守学生，创造射门时机完成射门；设置两名防守学生，进行 2 对 2 比赛，增加进攻难度，提高学生应赛能力。

35 以多打少：中路渗透赛

【比赛目的】学生能够熟练运用直传斜插、斜传直插等战术，形成区域 2 打 1，实现局部以多打少，同时提高学生的传球和跑位意识；发展学生的位移速度、灵敏性等体能素质；培养学生团结协作、积极进取的优良品质。

【比赛方法】在七人制足球场半场内，将学生分成 3 人一组的若干组，两人进攻，一人防守，成功完成射门并取得进球得 1 分，3 分钟内进球数多的组获胜。（图 2-35）

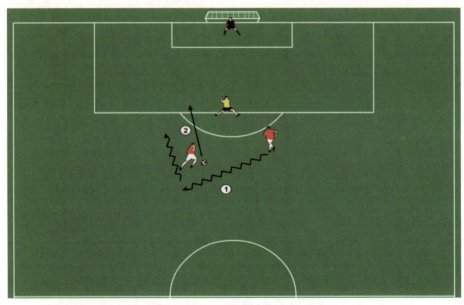

图 2-35　以多打少：中路渗透赛

【规则与裁判方法】

1. 听到哨声或口令后再开始比赛。

2. 在规定区域内，防守学生不得以任何形式与进攻学生发生身体接触。

3. 出现越位犯规时及时判罚。

【比赛建议】缩小场地范围，增加进攻难度；设置多个球门，增加防守学生的防守难度，提高进攻学生的决策能力。

36 危机重重：2 对 2 对抗赛

【比赛目的】提高学生熟练运用直传斜插、斜传直插、背套战术的能力，使学生能够根据攻防状况选择战术与进攻路线，了解正式足球比赛规则；发展学生的位移速度、灵敏性、反应能力等体能素质；培养学生团结协作、不畏困难的精神。

【比赛方法】在 20 米 × 20 米的平整场地内，将学生分成 4 人一组的若干组，进行 2 对 2 的正式对抗赛，防守学生抢到球后迅速进行攻防转换。5 分钟内，进球数多的组为获胜组。（图 2-36）

图 2-36 危机重重：2 对 2 对抗赛

【规则与裁判方法】

1. 听到哨声或口令后再开始比赛。

2. 在规定区域内，防守学生不得以任何形式与进攻学生发生身体接触。

3. 球出界后由对方发界外球。

【比赛建议】缩小场地范围，设置多个球门，提高学生决策能力；限制比赛区域，在边路进行比赛，摆脱防守后再传球，无球学生接球后射门。

足球小赛季是学生的足球盛宴。小赛季包括运球小赛季、传球小赛季、射门小赛季和技战术小赛季，可以提高学生运球、传球、射门的技术能力和技战术水平，以及在实战比赛中对所学技战术的运用能力。通过五人制比赛，可以加强学生的位置感及责任感，使其能积极主动地完成整体配合，还能发展学生的灵敏性、协调性、位移速度、肌肉力量、平衡能力等体能素质，培养学生积极进取、坚持到底、团队合作、尊重裁判、尊重对手、公平竞争、自尊自信、文明礼貌、勇于承担责任等良好体育品德。

37 运球小赛季

【比赛目的】通过参与本项比赛，提高学生运球的速度和灵活性，使其可以熟练运用所学技术动作和战术，在五人制比赛中，明确自己的跑动位置及职责，积极主动地完成整体配合；发展学生的灵敏性、协调性、位移速度等体能素质；培养学生团队协作、积极进取、锲而不舍的优良品质。

【比赛方法】

1. 小赛季开幕仪式：教师、运动员代表、裁判员代表讲话并举行入场仪式。

2. "8"字运球追逐跑：挑战赛为两人一组，进行 1 对 1 "8"字运球追逐跑比赛，两人前后间隔 2 米，在规定路线内，追上前面学生的人或没有被追上的人得分。（图 2-37）

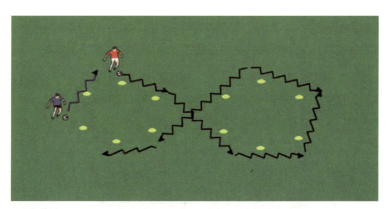

图 2-37 "8"字运球追逐跑

3. 五人制比赛：进行 5 对 5 四球门比赛。在 15 米 ×20 米的场地上，每队设置 2 个小球门和 1 条两个小球门之间的得分线，队员可以选择射门得分也可以选择运球过线并把球控制在规定区域内得分。每场比赛 20 分钟，上下半场各 10 分钟，中场休息 2 分钟，安排教师主裁判员 1 人、学生裁判员 4 人、记录裁判员 2 人、班级宣传员若干、班级啦啦队若干，采用单败淘汰制。

4. 分组抽签：师生共同组织班级内参赛队伍分组抽签。

5. 颁奖：评选最佳球员、最佳裁判员、优秀啦啦队等。

【规则与裁判方法】

1. "8"字运球追逐跑：必须按照要求的路线进行运球。

2. 五人制比赛：采用国际五人制比赛规则。

【比赛建议】学生担当各种角色，自主组织比赛；五人制比赛中可根据学生实际水平，限定至少完成 4 ~ 6 次有效射门等。

38 传球小赛季

【比赛目的】通过参与本项比赛，提高学生传球的准确性，使其能够控制传球的力量及方向，在五人制比赛中，提高学生的观察意识，使其能运用所学技术动作完成简单的传接球配合，并形成有效进攻；发展学生的位移速度、灵敏性、协调性等体能素质；培养学生团结协作、勇往直前的优良品质。

【比赛方法】

1. 小赛季开幕仪式：教师、运动员代表、裁判员代表讲话并举行入场仪式。

2. 原地传直线球比赛：在足球场线上进行传直线球比赛，每人 2 次机会，从起点开始，看谁传得最远且球还停在线上。（图 2-38）

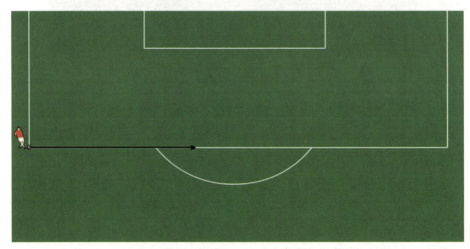

图 2-38 原地传直线球比赛

3. 五人制比赛：比赛为 5 对 5 团体赛，共分为 4 支队伍，在两块 15 米 ×20 米的场地上同时开始比赛，每场比赛 20 分钟，上下半场各 10 分钟，中场休息 2 分钟，安排教师主裁判员 1 人、学生裁判员 4 人、记录裁判员 2 人、班级宣传员若干、班级啦啦队若干，采用单败淘汰制。

4. 分组抽签：师生共同组织班级内参赛队伍分组抽签。

5. 颁奖：评选最佳球员、最佳裁判员、优秀啦啦队等。

【规则与裁判方法】

1. 原地传直线球比赛：触球前身体任何部位不能过线，不得助跑。

2. 五人制比赛：采用国际五人制比赛规则。

【比赛建议】教师指导学生进行角色互换；在五人制比赛中可根据学生实际水平，限定至少完成 3 ~ 4 次传球后射门。

39 射门小赛季

【比赛目的】通过参与本项比赛，提高学生的中长传传准和射门能力，在七人制比赛中，提高学生的观察意识，使其能熟练进行局部战术配合；发展学生的灵敏性、协调性、位移速度等体能素质；培养学生团队协作、积极进取、锲而不舍的优良品质。

【比赛方法】

1. 小赛季开幕仪式：开幕式，啦啦队表演，教师、运动员代表、裁判员代表讲话及开球仪式。

2. 射门比赛：学生站在大禁区弧顶踢球，每人 5 个球，第一落点在小禁区内得 1 分，第一落点进入球门得 3 分。（图 2-39）

3. 七人制比赛：上下半场各 10 分钟，休息 2 分钟，比赛分为男生组、女生组，采用单循环赛制，失败即淘汰。安排教师主裁判员 1 人、学生担任助理裁判员 1 人、记录裁判员 1 人、班级宣传员若干、班级啦啦队若干。

4. 分组抽签：师生共同组织班级内参赛队伍分组抽签。

5. 颁奖：评选出最佳射手、最佳宣传员、最佳啦啦队、最佳班级等。

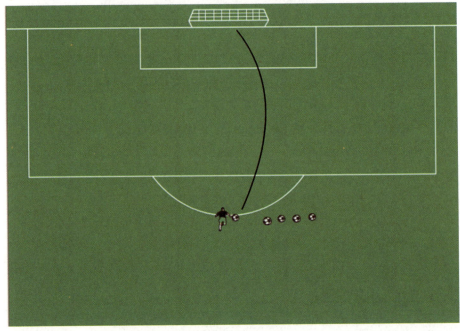

图 2-39　射门比赛

【规则与裁判方法】

　　1.射门比赛：将球放置在罚球区弧顶位置后，听到哨声或口令后再开始射门。

　　2.七人制比赛：采用国际七人制比赛规则。

　　【比赛建议】射门比赛可以延长或者缩短踢球距离；在七人制比赛中，可以根据学生实际水平限定连续传球超过3脚以上才能射门。

40 技战术小赛季

　　【比赛目的】通过参与本项比赛，提高学生传球的准确度和力量，以及对传球时机的判断和跑位的能力，建立无球跑位与配合意识；发展学生的位移速度、灵敏性等体能素质；使学生在比赛中灵活运用传球、运球、射门以及小组配合和整体技战术，并根据场上情况及时调整自己的技术动作及状态。

【比赛方法】

1. 小赛季开幕仪式：开幕式，啦啦队表演，教师、运动员代表、裁判员代表讲话及开球仪式。

2. 直传斜插比赛：在 20 米 × 30 米的区域内，学生 3 人一组，进攻 1 号学生持球，将球传给 2 号学生后迅速沿斜线向边路插上，2 号学生接球后绕开防守 3 号学生将球传给插上的 1 号学生，完成直传斜插配合。成功完成 1 次直传斜插配合后射门进球得 1 分，累计得分高的小组获胜。（图 2-40）

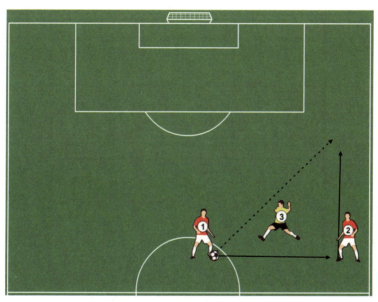

图 2-40　直传斜插比赛

3. 七人制比赛：上下半场各 10 分钟，中场休息 3 分钟，比赛分为男生组、女生组，单循环赛制，失败即淘汰。采用七人制比赛规则，安排教师主裁判员 1 人，学生助理裁判员 1 人、记录裁判员 1 人、班级宣传员若干、班级啦啦队若干。

4. 分组抽签：师生共同组织班级内参赛队伍分组抽签。

5. 颁奖：评选出最佳射手、最佳宣传员、最佳啦啦队和最佳班级等。

【规则与裁判方法】

1. 直传斜插比赛：在起始位置站好，听到哨声或口令后再开始直传斜插比赛。

　　2. 七人制比赛：采用国际七人制比赛规则。

　　【比赛建议】根据学生实际水平，改变比赛区域；增加一名守门员形成 2 对 2 攻防演练；七人制比赛中，限定连续传球超过 3 次以上才能射门。

第三部分

小学排球趣味课课赛 40 例

　　排球是"三大球"之一，深受人们的喜爱，更是学校体育的重要组成部分和学校体育教学的主干课程。排球运动在我国的大、中、小学中开展较为广泛，由于排球运动对于场地的要求较低（土场和硬地均可），又是隔网项目，可以减少冲撞受伤的概率，更加适合处于身体发育期的青少年进行练习和比赛。排球是真正意义上的集体项目，一个成功的球队，必然是一个团结的集体，它不需要也不可能出现篮球中那种一人单打独斗或者百步穿杨3分投的场面，或像足球中马拉多纳仅凭一人之力连过数人防守直接得分的经典时刻。排球课课赛通过游戏和比赛的方式串联起学校排球教学中的运动知识和技能，开拓学生思维和运动兴趣，提升学生创新能力，培养社会所需要的全面发展的人才。

一、理论依据

（一）围绕新课标，探索新思路

　　真实情境下的排球课课赛，坚持"健康第一"的教育理念，以发展核心素养为引领，重视育体、育智、育心，依据学生的学习需求和兴趣爱好，参照运动技能形成规律，形成"以赛促学、以赛代练、以赛促练"的新范式，面向全体学生，落实"教会、勤练、常赛"要求，注重"学、练、赛"一体化教学，为教师教学提供更多内容选择。课课赛内容从学生学、练排球的兴趣出发，依据学生的身心特点与身体素质发展敏感期进行设计，其宗旨是促进学生排球技能与战术意识双提升。比赛内容围绕着传、垫、扣、发技术和小赛季比赛进行整体设计，并由浅入深、循序渐进地设计进阶性比赛。比赛设计以真实比赛情境为依据，从单一技术、组合技术、个人技术、配合技术、区域战术、整体战术六方面进行系统设置，比赛难度呈螺旋式上升，最终帮助学生形成真正的排球比赛意识与能力。

　　排球真实情境主题课课赛是指按照体育与健康学科知识的逻辑结构与学生认知规律，以面向普通学生的排球隔网对抗的实战比赛为线索，开发和重组与主题关联、先后有序的排球基础知识与基本技能、技战术组合与运用、专项体能与一般体能、展示与比赛、规则与裁判方法、观赏与评价等教学内容，提高学生运用结构化的知识与技能分析与解决问题的能力，加深学生对排球运动的完整体验与理解的教学活动。

（二）排球项目特点分析

排球作为"三大球"之一，深受人们的喜爱。我国女子排球在世界大赛中更是屡次取得骄人的成绩。排球运动是隔网对抗性项目，在一瞬间完成击球，攻防转换位移速度快，虽然没有直接与对手进行身体接触，但也具有极强的对抗性，有极高的锻炼价值。球员在完成各自的攻防任务的同时，还要进行快速的相互补位，因此排球也是一项对个人技术与团队配合要求较高的隔网类集体性运动项目。排球作为开放式运动技能，对于培养学生的瞬间反应能力、对物体的空间运动轨迹和落点的快速判断能力，有非常显著的促进作用。在比赛时，学生需要全身心投入，听、看和判断比赛场上的局势，并做出相应的技术来应对不同的情况。相比足球、篮球，排球运动更能凸显团队作用，每次进攻和防守都需要团队的配合，尤其是在进攻时，团队的作用更为明显，学生可以在比赛中充分体会团队合作的意义。因此，在小学排球真实情境主题课课赛中，以单一技术和简单技战术组合、简单的规则与裁判的学习为主，同时更加关注小学阶段学生的身心发展特点，充分发挥排球学习的本源乐趣。

（三）学情分析

学生在水平一基本运动技能的学习中接触过抛接球和双手垫球的具体内容，因此三至六年级的学生已具有一定的排球基础。水平一通过抛接球学习，培养学生的时空感觉，重点学习与排球技术有关的基本动作，培养与排球比赛有关的基本意识。学生在水平二的学习重点是下手发球和垫球，培养球感和对来球的正确判断能力，开始参与过网游戏比赛，可以体验隔网运动，能初步了解排球规则与裁判法。通过水平一的学练，学生对于来球落点的判断力有了一定提高，基本上能在移动中对球的落点有较为准确的判断，并且学生的移动能力和身体素质有了较好的发展，为水平二、三的学练做了身体和技术上的准备。在水平二，学生不仅学练技术，也简单地接触了战术组合和一般体能、专项体能的练习，如横向移动、跳跃游戏、十字移动、纵跳摸高、3 米移动体能练习等。这些技战术和体能的学练都为水平三能够学练和完成小赛季及多回合比赛做好了技术和身体的准备。

二、设计思路

（一）课课赛框架设计

排球课课赛主要针对三至六年级学生，按照新课标的要求，设计比赛目的时一定要严谨、缜密地思考，要基于学生的年龄特点、身心特征、学练兴趣、学练态度、比赛能力等，根据学生的技术能力、技能水平、运动能力、战术意识等进行整体思考，研判比赛目的是否围绕着价值性、周期性、挑战性、融合性和指向性，从而形成精准定位，指向学生体育运动知识获得、运动技能与运动能力提升、体育锻炼习惯与健康行为的形成，以及体育品德的培养。排球课课赛中包括排球单个技术比赛、组合技术比赛、多人制比赛等。选择什么样的比赛，要根据学生的学段特点和具体学习情况来确定。

（二）课课赛技术分类与进阶

1. 深研技术动作，明确逻辑关系

科学合理地设计课课赛内容，需要深入地体会和掌握排球技术的构成，明确技术动作进阶的逻辑关系。排球运动技术主要由传、垫、扣、发、拦等技术构成，本部分课课赛的比赛设计主要定位于有球技术比赛，围绕传、垫、扣、发技术和小赛季进行整体设计，从单一技术比赛逐步进阶为组合技术比赛，将体能（一般体能与专项体能）与技术动作练习巧妙融入其中，再进阶到技战术的配合比赛，最后形成融合技术、体能、战术等多维度的小赛季比赛，让学生在真实排球比赛情境中获得技术、体能、战术、意识等方面的全面发展。

2. 明确比赛目的，促进学生发展

课课赛要有明确的目的性，要通过比赛让学生学到排球知识，包括比赛的规则与裁判方法、场地器材的标准、欣赏比赛的能力等。还要通过比赛使学生的运动能力得到提高，不仅是排球单一技术的提高，而且是对组合技术的全面掌握，能在复杂情境下进行技战术的综合运用。为此，比赛要有很强的周期性、挑战性和指向性。在比赛中还要培养学生良好的体育品德，并能将比赛中养成的良好体育品德迁移到日常的学习和生活中。

3. 设置真实情境，激发运动兴趣

课课赛情境的创设，能唤醒和培养学生的学习兴趣。创设教学情境，就好比一场戏的序幕，一开始就要激发学生的好奇心，使学生产生求知欲，达到最佳的心理状态。想做到这一点，就需要教师创设最佳的教学情境。课课赛的情境要从比赛内容的设置、场地的布置、学生现有的技术和能力等方面，进行全方位的知识整合和技能提高的框架构建。精心创设适合学生的教学情境，不仅可以激发学生学习兴趣，让学生在乐中学、在乐中练，把兴趣发展为爱好，由产生兴趣到自我激励，再由自我激励到目标达成，从而拓展其体质、个性、能力发展的自由空间，使学生在教学情境中受到力与美的熏陶，潜移默化地获得知识、技能与身体的发展，从而形成良好的学习习惯与心理素质，达成在快乐中求发展、在发展中求快乐的教学目标。

（三）课课赛技术特色

本部分共设计了 40 个比赛，根据单一技术和组合技术动作特点，每个课课赛都用四字成语进行了命名，这些技术涵盖了排球的传球、垫球、扣球、发球的基本技术和组合技术。单一技术比赛共 16 个，两种技术组合运用的比赛共 12 个，两种以上技术组合运用的比赛共 8 个，小赛季共 4 个。例如，传球课课赛中有 4 个只运用传球技术的单一技术比赛；有 3 个两种技术组合运用的比赛，把垫球、发球和扣球有机组合到传球比赛中；有 2 个两种以上技术组合运用的比赛，是比较综合的运用；小赛季的设计则有机会让学生体验不同角色，促进学生的全面成长和个性的发展。这样不仅能体现单一技术纵向的进阶，更能体现出这些单一技术的横向联系。通过课课赛的实施，学生的练习不再是枯燥的、简单的、重复的，而是有趣的、多变的。通过在实战中体验和强化技战术，提高学生的体能素质，培养良好的体育品德。

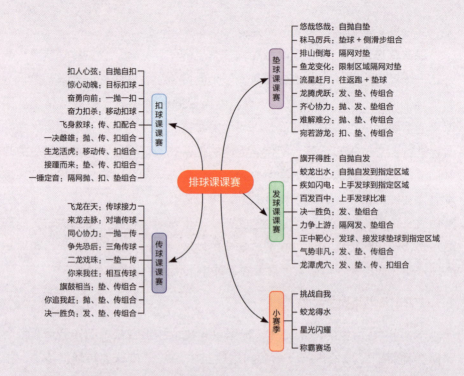

排球课课赛

扣球课课赛
- 扣人心弦：自抛自扣
- 惊心动魄：目标扣球
- 奋勇向前：一抛一扣
- 奋力扣杀：移动扣球
- 飞身救球：传、扣配合
- 一决雌雄：抛、传、扣组合
- 生龙活虎：移动传、扣组合
- 接踵而来：垫、传、扣组合
- 一锤定音：隔网抛、扣、垫组合

传球课课赛
- 飞龙在天：传球接力
- 来龙去脉：对墙传球
- 同心协力：一抛一传
- 争先恐后：三角传球
- 二龙戏珠：一垫一传
- 你来我往：相互传球
- 旗鼓相当：垫、传组合
- 你追我赶：抛、垫、传组合
- 决一胜负：发、垫、传组合

垫球课课赛
- 悠哉悠哉：自抛自垫
- 秣马厉兵：垫球＋侧滑步组合
- 排山倒海：隔网对垫
- 鱼龙变化：限制区域隔网对垫
- 流星赶月：往返跑＋垫球
- 龙腾虎跃：发、垫、传组合
- 齐心协力：抛、发、垫组合
- 难解难分：抛、垫、传组合
- 宛若游龙：扣、垫、传组合

发球课课赛
- 旗开得胜：自抛自发
- 蛟龙出水：自抛自发到指定区域
- 疾如闪电：上手发球到指定区域
- 百发百中：上手发球比准
- 决一胜负：发、垫组合
- 力争上游：隔网发、垫组合
- 正中靶心：发球、接发球垫球到指定区域
- 气势非凡：发、垫、传组合
- 龙潭虎穴：发、垫、传、扣组合

小赛季
- 挑战自我
- 蛟龙得水
- 星光闪耀
- 称霸赛场

三、实施建议

（一）培养排球运动能力

本部分内容结合排球运动的项目属性与特点进行整体设计和实施，避免碎片化教学，使学生获得完整的项目体验，培养学生的排球运动能力，少用甚至不用单一、重复的技术练习，以增加练习的趣味性和竞争性。排球课课赛遵循由易到难、循序渐进的教学层次，在不断提升难度的各项练习中，促进学生的排球运动能力与技术水平的发展，为学生较好地在实战中应用所学技能奠定基础。

（二）游戏教学激发兴趣

排球课课赛落实"全教会"精神，让学生在体育锻炼中享受乐趣，采用游戏教学，激发学生兴趣，引导学生做中学、做中思、做中乐，充分调动学生学练的积极性，不仅让学生体验到排球运动带来的快乐，而且还能帮助学生养成终身参与体育锻炼的习惯。

（三）深挖细节确立重难点

通过细心地研读教材，结合排球实战比赛所需，认真挖掘排球运动的技术内涵，本部分课课赛将单一技术进行有效的组合，形成多种技术组合练习，结合所教授的排球战术，有目的地加强学生的技术、一般体能和专项体能的练习，并通过小赛季让学生扮演不同角色，体验分工合作的重要性，从而培养学生的团队合作意识，提高团队协作能力。

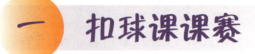

一 扣球课课赛

　　扣球是排球比赛中常用的得分手段，也是唯一的进攻技术。扣球对学生的体能要求较高，能发展协调性、爆发力等体能素质。扣球课课赛包括自抛自扣、传、垫、发技术的综合运用，有助于培养学生积极进取、遵守规则的良好体育品德。

1 扣人心弦：自抛自扣

【比赛目的】提高学生自抛自扣的能力，提高学生对球的落点的判断能力；发展学生的协调性、肌肉力量等体能素质；培养学生刻苦练习的品质。

【比赛方法】在 10 米 ×10 米的场地中，网高 1.8 米，学生采用自抛球扣球的方法，将球扣过网，并且球的落点在 4 米 ×4 米的区域内得 1 分，下网或出界不得分，比赛时间为 30 秒，得分多的学生获胜。（图 3-1）

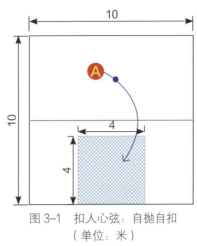

图 3-1 扣人心弦：自抛自扣
（单位：米）

【规则与裁判方法】球扣过网并落在有效区域内得 1 分。

【比赛建议】比赛可以是单人赛，也可以是团队赛；根据学生能力可适当增大或缩小比赛区域。

2 惊心动魄：目标扣球

【比赛目的】提高学生自抛自扣的能力，提高学生对球的落点的判断能力；发展学生的协调性、肌肉力量等体能素质；培养学生刻苦练习的品质。

【比赛方法】在 10 米 ×10 米的场地中，网高 1.8 米，学生采用自抛球扣球的方法，将球扣过网，并且球落在 2 个相邻的 3 米 ×3 米的任意区域内得 1 分，下网或出界不得分，比赛时间为 30 秒，得分多的学生获胜。（图 3-2）

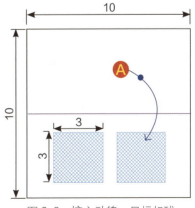

图 3-2 惊心动魄：目标扣球
（单位：米）

【规则与裁判方法】球扣进两个区域中的任意一个区域为得分。

【比赛建议】比赛可以是单人赛，也可以是团队赛；根据学生能力可适当增大或缩小比赛区域。

③ 奋勇向前：一抛一扣

【比赛目的】提高学生接同伴传球后扣球的能力，提高学生对球的落点的判断能力；发展学生的协调性、肌肉力量等体能素质；培养学生刻苦练习的品质。

【比赛方法】在 10 米 ×10 米的场地中，网高 1.8 米，学生两人为一组，采用一人抛球、一人扣球的方法，将球扣过网，并且球落在 4 米 ×4 米的区域内得 1 分，下网或出界不得分，比赛时间为 30 秒，得分多的学生获胜。（图 3-3）

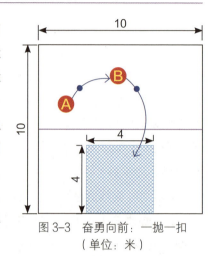

图 3-3　奋勇向前：一抛一扣
（单位：米）

【规则与裁判方法】

1. 球扣过网并落在有效区域内为得分。

2. 扣球者身体任何部位触碰到球网为触网犯规，不计分。

【比赛建议】适当增加或减少抛球者和扣球者之间的距离；根据学生能力适当调整得分区域的大小。

④ 奋力扣杀：移动扣球

【比赛目的】提高学生在移动中扣球的动作质量及扣球准确性；发展学生的下肢力量及上、下肢协调配合能力；培养学生积极进取、锲而不舍的精神。

【比赛方法】在 10 米 ×10 米的场地中，网高 1.8 米，学生采用三抛一扣的方法，抛球学生分别在 2、3、4 号位站位，扣球学生移动到不同位置进行扣球，将球扣到对方场地并落在 4 米 ×4 米的区域内得 1 分，下网、出界不得分，比赛时间为 30 秒，得分多的学生获胜。（图 3-4）

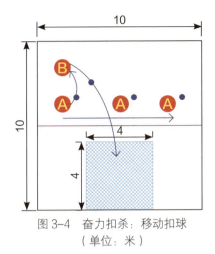

图 3-4 奋力扣杀：移动扣球
（单位：米）

【规则与裁判方法】

1. 球扣过网并落在有效区域内为得分。

2. 扣球者身体任何部位触碰到球网为触网犯规，不计分。

【比赛建议】适当增加或减小抛球者和扣球者之间的距离；根据学生能力适当调整得分区域的大小。

5 飞身救球：传、扣配合

【比赛目的】提高学生接传球后完成扣球的能力；发展学生的上下肢协调配合能力，以及对球落点的判断能力；培养学生的团队合作精神及锲而不舍的品质。

【比赛方法】在 10 米 × 10 米的场地中，网高 1.8 米，两人为一组，学生 A 自抛传球给学生 B，学生 B 接传球后进行扣球，将球扣到对方场地得 1 分，下网、出界不得分，比赛时间为 30 秒，得分多的学生获胜。（图 3-5）

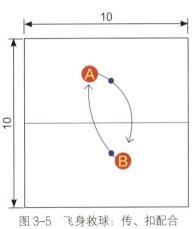

图 3-5 飞身救球：传、扣配合
（单位：米）

【规则与裁判方法】

1. 球扣过网并落在对方场地内为得分。

2.扣球者身体任何部位触碰到球网为触网犯规，不计分。

【比赛建议】根据学生能力适当调整传球者和扣球者的位置和距离；调整得分区域的大小和球网的高度。

6 一决雌雄：抛、传、扣组合

【比赛目的】提高学生传球、扣球的能力；发展学生的灵敏性、协调性等体能素质；培养学生团队合作的意识和积极进取的优良品质。

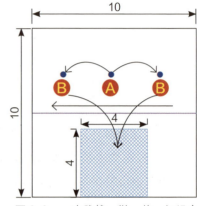

图3-6 一决雌雄：抛、传、扣组合（单位：米）

【比赛方法】在10米×10米的场地中，网高1.8米，两人为一组，学生A在3号位自抛传球到4号位，学生B在4号位扣球5次后，快速移动到2号位，然后学生A在3号位自抛传球到2号位，学生B在2号位扣球5次，将球扣到对方场地并落在4米×4米的区域内得1分，下网、出界不得分，得分多的同学获胜。（图3-6）

【规则与裁判方法】

1.球扣过网并落在有效区域内为得分。

2.扣球者身体任何部位触碰到球网为触网犯规，不计分。

【比赛建议】根据学生能力适当调整传球者和扣球者的位置和距离；调整得分区域的大小和球网高度。

7 生龙活虎：移动传、扣组合

【比赛目的】提高学生的传球、扣球能力；发展学生的灵敏性、协调性等体能素质；培养学生团队合作的意识和积极进取的优良品质。

【比赛方法】在10米×10米的场地，网高1.8米，两人为一组，学生A在2号位自抛自传球到1号位附近，学生B在1号位扣球5次，学生A在2号位自抛自传球到6号位附近，学生B在6号位扣球5次，学生A在2号位自抛自传球到 5 号位附近，学生 B 在 5 号位扣球 5 次，将球扣到对方场地并落在 4 米 ×4 米的区域内得 1 分，下网、出界不得分，得分多的学生获胜。（图 3-7）

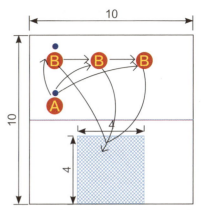

图 3-7　生龙活虎：移动传、扣组合
（单位：米）

【规则与裁判方法】

1. 球扣过网并落在有效区域内为得分。

2. 扣球者身体任何部位触碰到球网为触网犯规，不计分。

【比赛建议】根据学生的能力适当调整传球者和扣球者的位置和距离；调整得分区域和球网高度。

8 接踵而来：垫、传、扣组合

【比赛目的】提高学生接传球后完成扣球的能力；发展学生的灵敏性和协调性；培养学生团队协作、顽强拼搏的精神。

【比赛方法】在 10 米 ×10 米的场地，网高 1.8 米，3 人为一组，学生 A 在 6 号位自抛自垫球到 2 号位附近，学生 B 在 2 号位传球到 4 号位，学生 C 在 4 号位扣球 5 次，将球扣到对方场地并落在 4 米 ×4 米的区域内得 1 分，下网、出界不得分，做完后三人轮换，得分多的学生获胜。（图 3-8）

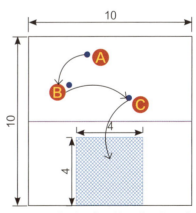

图 3-8　接踵而来：垫、传、扣组合
（单位：米）

【规则与裁判方法】

1. 球扣过网并落在有效区域内为得分。

2. 扣球者身体任何部位触碰到球网为触网犯规，不计分。

【比赛建议】根据学生能力适当调整扣球者的位置、得分区域和球网高度。

9 一锤定音：隔网抛、扣、垫组合

【比赛目的】提高学生的扣球、抛球和垫球能力，提高扣球队员的观察力，以及扣球的力度和准确性；发展学生的灵敏性、协调性和快速启动的能力；培养学生团结协作、锲而不舍的优良品质。

【比赛方法】在 10 米 ×10 米的场地中，网高 1.8 米，3 人为一组，学生 A 抛球，学生 B 扣球，A、B 两人相距 3 米，B 距网 3 米，C 在球网对面进行垫球，比赛时间为 30 秒，扣球队员扣的球如果直接到地面，则扣球同学得 1 分，如果被垫球队员拦截，则不得分。扣球 5 次后 3 人轮换，得分多的学生获胜。（图 3-9）

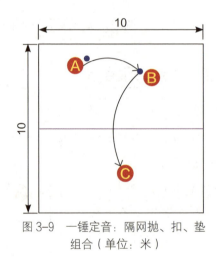

图 3-9 一锤定音：隔网抛、扣、垫组合（单位：米）

【规则与裁判方法】

1.球扣过网并落在对方场地内为得分，球被垫球队员拦截则不得分。

2.扣球者身体任何部位触碰到球网为触网犯规，不计分。

【比赛建议】根据学生能力，可将垫球学生由一名增加到两名；让扣球学生进行斜线扣球，逐步增加练习难度。

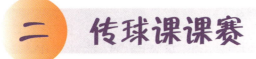

二 传球课课赛

　　传球技术是排球比赛中由守转攻的重要技术，是组织进攻的关键节点，传球的高度、角度、速度和落点是技术的关键。传球技术比较难掌握，容易出现持球违例。传球课课赛结合球的落点技术进行设计，有助于提高学生的传球能力，发展学生的灵敏性、协调性等体能素质，培养学生勤学苦练、善于思考的优良品质。

10 飞龙在天：传球接力

【比赛目的】提高学生的控球能力，巩固其传球的技术动作；发展学生的灵敏性、协调性等体能素质；培养学生坚持到底的优良品质。

【比赛方法】在 5 米 × 5 米的场地内，多人结组，进行单人传球接力赛，当球落地，下一名学生重新开始传球，时间为 60 秒，学生传球数总和最多的组获胜。（图 3-10）

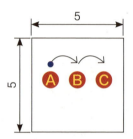

图 3-10　飞龙在天：传球接力（单位：米）

【规则与裁判方法】传球者不能在规定的区域外自传球。

【比赛建议】根据学生能力适当增减比赛时间和调整比赛区域。

11 来龙去脉：对墙传球

【比赛目的】巩固学生的传球手型，提高控球能力；发展学生的身体协调性、灵敏性等体能素质；培养学生刻苦练习的优良品质。

【比赛方法】把学生分为两组，距墙 3 米，面朝墙壁站立，小组之间比赛，每个小组使用 1 个排球，比赛时间为 60 秒。记录连续传球的次数，次数最多的小组获胜。（图 3-11）

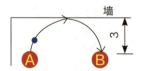

图 3-11　来龙去脉：对墙传球（单位：米）

【规则与裁判方法】

1. 每组两人对墙互传球，使球经墙壁反弹到对方额前一球位置处，记录连续传球的总次数。

2. 一人一次轮流对墙传球，不允许同一人连续传球两次。

【比赛建议】根据学生能力适当增加练习者与墙的距离或比赛时间。

12 同心协力：一抛一传

【比赛目的】巩固学生的传球手型，提高控球能力；发展学生的身体协调性、灵敏性等体能素质；培养学生刻苦练习的优良品质。

【比赛方法】在 4 米 ×4 米的场地中，两人为一组，间隔 3 米，两人面对面，一人抛球，一人传球，传球人将球传给抛球人，抛球人接球。比赛时间为 60 秒，成功完成抛、传得 1 分。（图 3-12）

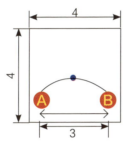

图 3-12 同心协力：一抛一传（单位：米）

【规则与裁判方法】在规定的区域外传球不计分。

【比赛建议】根据学生能力适当调整两人间的距离或比赛区域。

13 争先恐后：三角传球

【比赛目的】巩固学生的传球手型，提高控球能力，以及同伴之间的配合能力，为后续的战术学习打好基础；发展学生的身体协调性、灵敏性等体能素质；培养学生刻苦练习的优良品质。

【比赛方法】在 3 米 ×3 米的场地中，3 人为一组，站在 4 号位的学生正向传球给 3 号位的学生，站在 3 号位的学生正向传球给 2 号位的学生，站在 2 号位的学生正向传球给 4 号位的学生，记录连续传球的最高次数。（图 3-13）

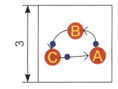

图 3-13 争先恐后：三角传球（单位：米）

【规则与裁判方法】在规定的区域外传球不计分。

【比赛建议】在第一个游戏的规则基础上，要求站在 3 号位的学生在传球后，迅速与 4 号位的学生交换站位；要求站在 4 号位的学生在传球后，迅速与 2 号位的学生交换站位。

14 二龙戏珠：一垫一传

【比赛目的】巩固学生的传球手型和垫球手型，提高控球能力，使其能用合适的位移速度、力量和落点把球传到同伴的位置；发展学生的身体协调性、灵敏性等体能素质；培养学生刻苦练习的优良品质。

【比赛方法】两人一组，两人相距 3 ~ 4 米，进行限时 60 秒的正面垫传球比赛。（图 3-14）

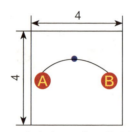

图 3-14　二龙戏珠：一垫一传（单位：米）

【规则与裁判方法】一人垫球，一人传球，球可落地 1 次，但不算成功次数，尽量不落地，成功次数多者为获胜。

【比赛建议】根据学生能力适当延长或缩短比赛时间和两人间距。

15 你来我往：相互传球

【比赛目的】巩固学生的传球手型，提高控球能力，使其能用合适的位移速度、力量和落点把球传到同伴的位置；发展学生的身体协调性、灵敏性等体能素质；培养学生刻苦练习的优良品质。

【比赛方法】两人一组，两人相距 3 ~ 4 米，进行限时 60 秒的正面传球比赛。（图 3-15）

【规则与裁判方法】两人相互传球，球可落地 1 次，但不算成功次数，尽量不落地，成功次数多者为获胜。

【比赛建议】根据学生能力延长或缩短比赛时间和两人间距。

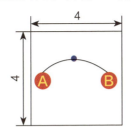

图 3-15 你来我往：相互传球（单位：米）

16 旗鼓相当：垫、传组合

【比赛目的】巩固学生的传球手型和垫球手型，提高控球能力，使其能用合适的位移速度、力量和落点把球传到同伴的位置；发展学生的身体协调性、灵敏性等体能素质；锻炼学生的垫传配合能力，培养学生的团队合作意识和刻苦练习的优良品质。

【比赛方法】4 人为一组，分别站在排球场半场内。二传位置一个人，距底线 1.5 米处一人，距底线 2 米处一人，距底线 2.5 米处一人。三人并排站，依次将球抛起，用垫球的方式将球垫至 3 米 ×3 米的指定区域内。在指定区域内的学生快速判断来球的方向并传球。3 次都成功记 1 分，4 个人按照顺时针顺序换位进行练习。规定时间内积分多者为胜。（图 3-16）

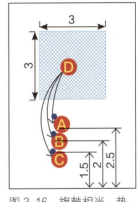

图 3-16 旗鼓相当：垫、传组合（单位：米）

【规则与裁判方法】球没有进入指定区域不得分。

【比赛建议】根据学生能力调整指定区域的大小；调整 4 人间的距离。

17 你追我赶：抛、垫、传组合

【比赛目的】通过参与本项比赛，提高学生对来球落点的判断能力和控球能力，巩固其垫球和传球的技术，锻炼学生的垫传配合能力；结合真实情

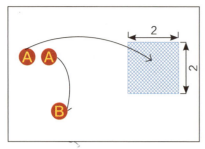

图 3-17 你追我赶：抛、垫、传组合
（单位：米）

境，发展学生的身体协调性、灵敏性等体能素质；培养学生的团队合作意识和刻苦练习的优良品质。

【比赛方法】两人为一组，相距 4 米，A 将球抛出后，B 将球垫回，A 用传球的技术把球传到 2 米 ×2 米的指定区域，成功进入指定区域得 1 分，每组 10 个球，累计得分多的为获胜。（图 3-17）

【规则与裁判方法】球未进入指定区域不计分。

【比赛建议】根据学生能力适当增加或减小两人间距；缩小或扩大指定区域的大小。

18 决一胜负：发、垫、传组合

【比赛目的】通过参与本项比赛，提高学生对来球落点的判断能力和控球能力，巩固发球、垫球和传球的技术，锻炼学生的垫传配合能力；发展学生的身体协调性、灵敏性等体能素质；培养学生的团队合作意识和刻苦练习的优良品质。

【比赛方法】3 人为一组，左侧一人（C），右侧一人（B），A 在球网对面。学生 A 发球给学生 B，学生 B 垫球给左侧学生 C，学生 C 再传球到 3 米 ×3 米的指定区域，这样成功做完一轮获得 1 分，3 个球后轮换位置，每组共 9 个球。（图 3-18）

【规则与裁判方法】球未进入指定区域不计分。

【比赛建议】根据学生能力适当调整站位及三人间距，降低练习难度，提高成功率；待学生熟练后逐步增加难度，也可增加练习人数。

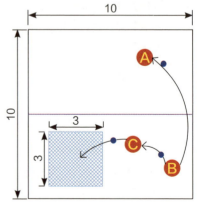

图 3-18 决一胜负：发、垫、传组合（单位：米）

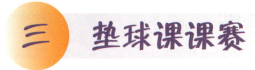

三　垫球课课赛

　　垫球技术是排球比赛运用最多的防守技术，也是接发球应用最多的技术。垫球技术掌握的好坏程度直接影响着比赛时进攻的效果，所以垫球课课赛结合其他技术重点发展学生的垫球能力和灵敏性、反应能力、柔韧性等体能素质，培养学生主动交流、积极合作的学习态度，以及勇于挑战、顽强拼搏的体育精神。

19 悠哉悠哉：自抛自垫

【比赛目的】巩固学生正面双手下手垫球的自垫球技术，提高控球能力；发展学生的协调性、灵敏性等体能素质；培养学生的积极进取的优良品质。

【比赛方法】在 2 米 × 2 米的场地中，时间为 60 秒，自抛自垫，两人为一组，一组垫球，一组大声数数，球掉了可以继续再垫，数量多的组获胜。（图 3-19）

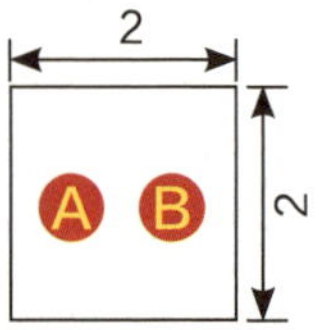

图 3-19　悠哉悠哉：自抛自垫（单位：米）

【规则与裁判方法】

1. 听哨声开始和结束。

2. 比赛区域外垫球不计数。

【比赛建议】根据学生的能力适当调整比赛区域和比赛时间。

20 秣马厉兵：垫球 + 侧滑步组合

【比赛目的】巩固学生正面双手下手垫球的自垫球技术与步伐，提高控球能力；发展学生的协调性、灵敏性等体能素质；培养学生的两人配合能力、积极进取的优良品质。

【比赛方法】在 4 米 × 4 米的场地中，6 人为一组，时间为 60 秒，每两名学生面对面站立，相距 3 米，一排学生抛球，另一排学生垫球，每次将球垫回后用侧滑步技术快速向左侧移动至下一名学生处，垫球队尾的学生快速回到排头。每个学生的抛球均成功被垫回 3 次后，两排角色互换，在规定时间内完成次数多的组获胜。（图 3-20）

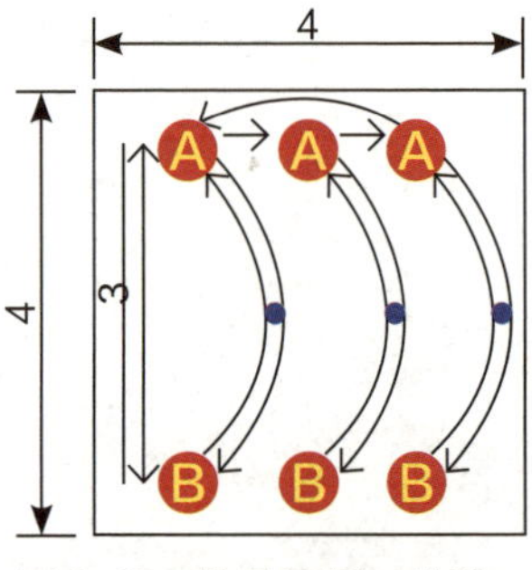

图 3-20　秣马厉兵：垫球 + 侧滑步组合（单位：米）

【规则与裁判方法】

　1. 在规定区域外垫球不计分。

　2. 抛球或者垫球后球落地不计分。

【比赛建议】根据学生能力适当调整两人间的距离和比赛时间。

21 排山倒海：隔网对垫

【比赛目的】巩固学生正面双手垫球的技术，让学生体会隔网对抗乐趣，提高学生对来球落点的判断能力和对球的控制能力，培养学生团结协作、积极进取的优良品质。

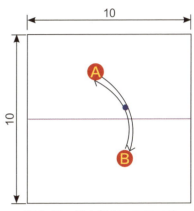

图 3-21　排山倒海：隔网对垫
（单位：米）

【比赛方法】在 10 米 × 10 米的场地中，网高 1.8 米，两人为一组，相距 3 ~ 4 米，进行隔网正面对垫球比赛，时间为 30 秒，垫球数量多者获胜。（图 3-21）

【规则与裁判方法】球落地或者下网不计分。

【比赛建议】根据学生能力适当调整两人间的距离和比赛时间。

22 鱼龙变化：限制区域隔网对垫

【比赛目的】巩固学生正面双手垫球的技术，让学生体会隔网对抗乐趣，提高学生对来球落点的判断能力和对球的控制能力，增强学生在移动中找准落点并进行多种姿势垫球的能力，培养学生团结协作，积极进取的优良品质。

【比赛方法】两人一组，在网高 1.8 米的场地中，一人站在固定圈内隔网抛球，另外一人在距网 3 米的线后垫球，抛球学生不出圈能够接到垫球学生垫回来的球，得到 1 分。累积得到 3 分后，垫球学生站到 5 米线后去垫球，累积得到 3 分后两个人交换角色，得分多的组获胜。（图 3-22）

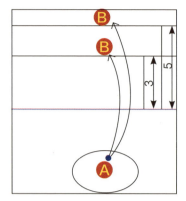

图 3-22 鱼龙变化：限制区域隔网对垫（单位：米）

【**规则与裁判方法**】

1. 踩线或出圈视为犯规不计分。

2. 垫球学生必须在标记线后进行垫球，球落地或没有被抛球者接住视为失败不计分。

【**比赛建议**】根据学生能力适当增减练习距离或人数；调整球网高度。

23 流星赶月：往返跑＋垫球

【**比赛目的**】巩固学生正面双手垫球的技术，提高学生对来球落点的判断能力和对球的控制能力；增强快速移动的能力；培养学生团结协作、积极进取的优良品质。

【**比赛方法**】两人为一组，相距5米，其中一人向前跑并在触碰队友手中的球后转身快速跑回自己出发的位置，做好垫球准备，将队友抛过来的球垫回给队友算成功，计1分，5次后两人轮换角色，计时60秒，得分多的组获胜。（图3-23）

【**规则与裁判方法**】手未触到球或者没有跑到出发位置垫球不计分。

【**比赛建议**】根据学生能力调整两人间距或比赛时间。

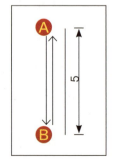

图 3-23 流星赶月：往返跑＋垫球（单位：米）

24 龙腾虎跃：发、垫、传组合

【比赛目的】巩固学生的垫、传、发球技术，提高学生对这三项技术的应用能力；发展学生的灵敏性、协调性等体能素质；培养学生团结协作的团队意识和坚韧不拔的优良品质。

【比赛方法】在 5 米 × 5 米的场地中，3 人为一组，一人在距网 5 米处发球过 1.8 米高的网，两人在网另一侧，其中一人快速移动垫球，将球准确地垫给网前的传球人，传球人自传一次后将球抛给发球人，3 人完成配合计 1 分，累计 3 分后 3 人交换角色，计时 60 秒，得分多的组获胜。（图 3-24）

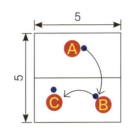

图 3-24　龙腾虎跃：发、垫、传组合（单位：米）

【规则与裁判方法】球落地不计分。

【比赛建议】根据学生能力调整场地大小和球网高度。

25 齐心协力：抛、发、垫组合

【比赛目的】巩固学生的抛球、垫球、发球的技术，提高学生对这三项技术的应用能力；发展学生的灵敏性、协调性等体能素质；培养学生团结协作的团队意识和坚韧不拔的优良品质。

【比赛方法】在 10 米 × 10 米的场地中，4 人为一组，其中一人站在球网一侧为发球者，其余 3 人在另一侧，每人相距 3 ～ 5 米，垫球人站成正三角或者是倒三角，发球者自抛自发将球发过高 1.8 米的球网，3 名垫球者通过判断来球方向和落点，最适合垫球的学生一边快速移动调整垫球位置，一边要喊"我来"提示队友。计时 60 秒，连续完成 3 个为一组，然后互换位置继续练习，在规定时间内比一比哪组完成数量最多。（图 3-25）

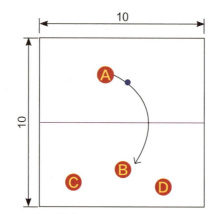

图 3-25 齐心协力：抛、发、垫组合（单位：米）

【**规则与裁判方法**】

1. 球下网或落地为失败不计分。

2. 球出界不计分。

【**比赛建议**】根据学生能力适当调整场地大小和小组人数。

26 难解难分：抛、垫、传组合

【**比赛目的**】巩固学生抛球、传球、垫球的技术；发展学生的协调性、灵敏性等体能素质；培养学生积极进取的优良品质。

【**比赛方法**】在 10 米 × 10 米的场地中，两人为一组，相距 4 米，计时 60 秒，一人自抛自垫给同伴，同伴运用传球技术回传给垫球者，垫球者运用传球技术把球再次传给同伴，必须运用垫球技术，将球垫回去计 1 分，如此循环，在规定时间内积分多的组获胜。（图 3-26）

【**规则与裁判方法**】

1. 球落地不计分。

2. 没有正确运用技术不计分。

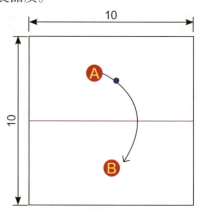

图 3-26 难解难分：抛、垫、传
组合（单位：米）

【比赛建议】根据学生能力适当调整两人间距；如果学生传球技术不熟练，可改为抛球。

27 宛若游龙：扣、垫、传组合

【比赛目的】巩固学生的垫球技术、扣球技术和传球技术；发展学生的快速反应和快速移动能力，提高学生的灵敏性、协调性；培养学生不断进取、团结合作、相互配合的优良品质。

【比赛方法】在 10 米 × 10 米的场地中，网高 1.8 米，5 人为一组，前排两人扣球或吊球，对面后排 3 人防守，并通过 3 次垫球将球调整到对面前排，对面前排 2 人也可以相互移动后再次扣球或吊球，比赛继续进行，成功次数多的组获胜。（图 3-27）

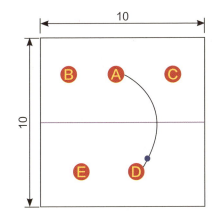

图 3-27 宛若游龙：扣、垫、传组合（单位：米）

【规则与裁判方法】

1. 3 次垫球过网规则。

2. 触网犯规。

【比赛建议】根据学生能力适当调整场地大小和球网高度。

发球是排球比赛中可以直接破坏对方进攻的技术，练习发球技术可重点发展肌肉力量、位移速度、协调性等体能素质，有助于培养学生自主思考、积极合作的学习态度，以及勇于担当、锐意进取等良好品质。

28 ▶ 旗开得胜：自抛自发

【比赛目的】巩固学生的下手发球技术；发展学生的上肢力量和上下肢协调用力的能力；培养学生积极进取的优良品质。

【比赛方法】在 10 米 ×10 米的场地中，发球人距网 5 米，网高 1.8 米，每人 5 球，发球过网计 1 分，得分多者获胜。（图 3-28）

【规则与裁判方法】发球下网不计分。

【比赛建议】根据学生能力逐步提高球网高度，增加发球距离。

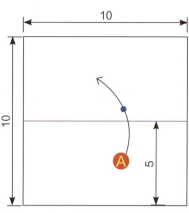

图 3-28　旗开得胜：自抛自发
（单位：米）

29 ▶ 蛟龙出水：自抛自发到指定区域

【比赛目的】巩固学生的下手发球技术；发展学生的上肢力量和上下肢协调用力的能力；培养学生积极进取的优良品质。

【比赛方法】发球人距球网 5 米，每人 5 球，将球发过高 1.8 米的球网，球落到 4 米 ×4 米的指定区域计 1 分，得分多者获胜。（图 3-29）

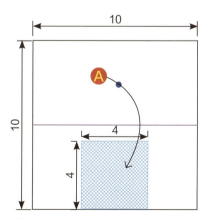

图 3-29　蛟龙出水：自抛自发到指定区域（单位：米）

【规则与裁判方法】

1. 发球下网不计分。

2. 球没有落在制定区域不计分。

【比赛建议】根据学生能力逐步提高球网高度，缩小指定区域面积。

30 疾如闪电：上手发球到指定区域

【比赛目的】巩固学生的上手发球技术；发展学生的上肢力量和上下肢协调用力的能力；培养学生积极进取的优良品质。

【比赛方法】两人为一组，隔网相距6～8米，网高1.8米，上手发球过网到4米×4米的指定区域计1分，每人5个球，得分多的组获胜。（图3-30）

【规则与裁判方法】

1. 发球下网不计分。

2. 发球未进指定区域的不计分。

【比赛建议】根据学生能力逐步提高球网高度，缩小指定区域面积。

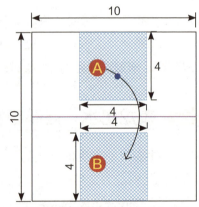

图3-30 疾如闪电：上手发球到指定区域（单位：米）

31 百发百中：上手发球比准

【比赛目的】巩固学生的上手发球技术；发展学生的上肢力量和上下肢协调用力的能力；培养学生积极进取的优良品质。

【比赛方法】在10米×10米的场地中，学生分成人数相等的两组，分别站在两端线外，将球发过高1.8米的球网。先由甲组发球，乙组负责捡球，在球场中间画出50厘米的数字圆，各个圆分数不同，球落在哪个圆内得相应分数。甲组发完球后迅速统计分数，再由乙组发球，甲组捡球，每人发5次球，得分多者获胜。（图3-31）

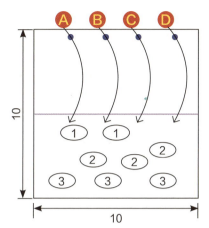

图 3-31 百发百中：上手发球比准（单位：米）

【规则与裁判方法】

1. 发球出界不计分。

2. 发球下网不计分。

3. 发球踩线不计分。

【比赛建议】根据学生能力逐步提高球网高度，缩小落点范围。

32 决一胜负：发、垫组合

【比赛目的】巩固学生的上手发球技术，提高接发球垫球准确性；发展学生的上肢力量和上下肢协调用力的能力；培养学生的团队合作意识和积极进取的优良品质。

【比赛方法】在 10 米 × 10 米的场地中，3 人为一组，网高 1.8 米，发球者与接球者隔网相距 6 ~ 8 米。另一人站在中间做二传手，发球者将球发到球网另一侧，另一侧的接球者用垫球技术将球垫给本侧网前的接应者计 1 分，每组 6 球，每 2 球后轮换角色，得分多的组获胜。（图 3-32）

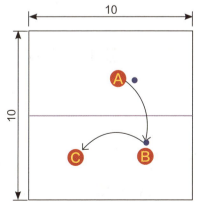

图 3-32 决一胜负：发、垫组合
（单位：米）

【规则与裁判方法】

1. 在比赛过程中球落地不计分。

2. 发球下网不计分。

【比赛建议】根据学生能力逐步增加练习距离。

33 力争上游：隔网发、垫组合

【比赛目的】巩固学生的上手发球技术，提高接发球垫球准确性；发展学生的上肢力量和上下肢协调用力的能力；培养学生的团队合作意识和积极进取的优良品质。

【比赛方法】在 10 米 ×10 米的场地中，两人为一组，两人隔网相距 8 米，网高 1.8 米，球网一侧学生将球发过球网，球网另一侧学生运用垫球技术将垫起得 1 分，每组 6 球，做完 2 组后轮换角色，得分多的组获胜。（图 3-33）

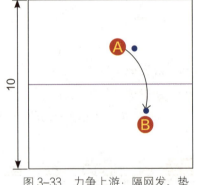

图 3-33 力争上游：隔网发、垫组合（单位：米）

【规则与裁判方法】

1. 发球下网不计分。

2. 发球出界不计分。

3. 垫球失败不计分。

【比赛建议】根据学生能力逐步增加练习距离，提高练习难度。

34 正中靶心：发球、接发球垫球到指定区域

【比赛目的】巩固学生的上手发球技术，提高接发球垫球准确性；发展学生的上肢力量和上下肢协调用力的能力；培养学生的团队合作意识和积极进取的优良品质。

【比赛方法】在 10 米 ×10 米的场地中，两人为一组，两人隔网相距 8 米，网高 1.8 米，球网一侧学生将球发过球网，球网另一侧学生运用垫球技术将垫到 2 米 ×2 米的指定区域计 1 分，每组 6 球，每 3 球轮换角色，得分多的组获胜。（图 3-34）

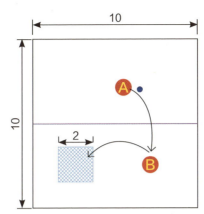

图 3-34　正中靶心：发球、接发球垫球到指定区域（单位：米）

【规则与裁判方法】

1. 发球下网不计分。

2. 球没有进入指定区域不计分。

3. 发球出界不计分。

【比赛建议】根据学生能力逐步缩小落点范围，增加练习难度。

35　气势非凡：发、垫、传组合

【比赛目的】巩固学生的上手发球技术和传球技术，提高接发球垫球准确性；发展学生的上肢力量和上下肢协调用力的能力；培养学生的团队合作意识和积极进取的优良品质。

【比赛方法】在 10 米 ×10 米的场地中，3 人为一组。A、B 两人隔网相距 8 米，网高 1.8 米，学生 A 将球发过球网，学生 B 运用垫球技术将球垫到学生 C 处，学生 C 运用传球技术将球传到 2 米 ×2 米的指定区域计 1 分，每组 6 球，每 2 球后轮换角色，得分多的组获胜。（图 3-35）

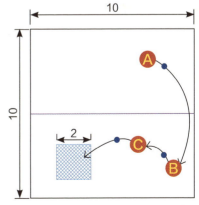

图 3-35　气势非凡：发、垫、传组合（单位：米）

【规则与裁判方法】

1. 发球下网不计分。

2.球没有进入指定区域不计分。

3.发球出界不计分。

【比赛建议】根据学生能力逐步提高球网高度，缩小落点范围。

36 龙潭虎穴：发、垫、传、扣组合

【比赛目的】巩固学生的上手发球技术、传球技术和扣球技术，提高接发球垫球准确性；发展学生的上肢力量和上下肢协调用力的能力；培养学生的团队合作意识和积极进取的优良品质。

【比赛方法】在 10 米 ×10 米的场地中，4 人为一组，A、B 两人隔网相距 8 米，网高 1.8 米，学生 A 将球发过球网，学生 B 运用垫球技术将垫到学生 C 处，学生 C 运用传球技术将球传到 2 号位，2 号位学生 D 将球扣过球网，每组 8 球，每 2 球后轮换角色，得分多的组获胜。（图 3-36）

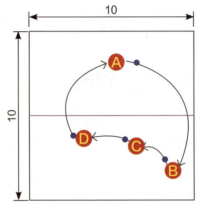

图 3-36　龙潭虎穴：发、垫、传、扣组合（单位：米）

【规则与裁判方法】

1.发球下网不计分。

2.球没有进入指定区域不计分。

3.发球出界不计分。

4.扣球下网出界不计分。

【比赛建议】根据学生能力逐步增加练习距离，提高练习难度。

　　在排球小赛季中，各班级代表队将进行单项技能赛、趣味游戏赛和班级对抗赛。学生通过比赛，可以提高自己的竞技水平和身体素质，培养团队合作精神和竞争意识。

37 ▶ 挑战自我

【比赛目的】通过参与本项比赛，提高学生传、垫、扣三项技术的综合运用能力，提高扣球队员的观察力以及扣球的力度和准确性；发展学生快速判断和快速移动的能力；培养学生的团队合作精神和勇于拼搏的优良品质。

【比赛方法】在 10 米 ×10 米的场地中，网高 2 米，3 人为一组，一人在 6 号位自抛自垫球给 2 号位，2 号位将球传给 4 号位，4 号位扣球到对方场地，对方场地的 3 名队员，一人接对方扣球后垫球，另外一人传球，第 3 名队员扣球，比赛时间 90 秒，得分多的组获胜。

【规则与裁判方法】

1. 每人只能触 1 次球。

2. 球扣过网并落在对方场地内为得分。

3. 扣球者身体任何部位触碰到球网为触网犯规，不计分。

【比赛建议】根据学生能力，适当调整球网高度和学生间距。

38 ▶ 蛟龙得水

【比赛目的】提高学生发、垫、扣三项技术的综合运用能力，提高垫球学生的观察力、移动位置的准确性和垫球的力度；发展学生快速反应和移动的能力；培养学生团队合作精神和勇于拼搏的精神。

【比赛方法】在 6 米 ×6 米的场地中，网高 1.8 米，3 人为一组，一人在距网 6 米处发球过 1.8 米高的网，3 人在网的另一侧，其中一人快速移动垫球，另一人继续将球垫起给网前的同伴，网前同伴扣球在对方得分区域内，完成配合计 1 分，在 60 秒内先得 3 分者获胜。

【规则与裁判方法】

1. 球落地不得分。

2. 每人只能触 1 次球。

【比赛建议】根据学生能力适当调整场地大小、球网高度和得分区域。

39 ▶ 星光闪耀

【比赛目的】提高学生传球的观察力、力度、角度和准确性；发展学生快速反应、快速传球的能力；培养学生的团队合作精神和勇于拼搏的优良品质。

【比赛方法】在 10 米 ×10 米的场地中，网高 2 米，3 人为一组，一人在 6 号位自抛自传球给 2 号位，2 号位将传给 4 号位，4 号位传球到对方场地，对方场地 3 名队员，一人接对方传球后，传球给另外一人，第 3 名队员传球过网。比赛时间 90 秒，得分多的组获胜。

【规则与裁判方法】

1. 每人只能触 1 次球。

2. 传球过网并落在对方场地内为得分。

3. 传球者身体任何部位触球网为触网犯规，不计分。

【比赛建议】根据学生能力适当调整练习者之间的距离。

40 ▶ 称霸赛场

【比赛目的】提高学生的发球技术；发展学生的速度、灵敏等素质；培养学生的团队合作意识和团队精神。

【比赛方法】网高 1.6 米，10 人一组，轮流发球，发球学生将球发到对方场地有效区域并落地得 1 分，一组 50 个球，得分多的队伍获胜。

【规则与裁判方法】将球发到指定区域并落地为得分。

【比赛建议】逐步提高球网高度。

第四部分

小学武术趣味课课赛 40 例

《课程标准（2022年版）》指出，体育与健康课程依据学生需求和兴趣爱好，面向全体学生，落实"教会、勤练、常赛"要求，注重"学、练、赛"一体化教学。所以，武术项目教学应在教会、勤练的基础上，以"课课赛"的形式持续激发学生的兴趣，促其身心健康、体魄强健、全面发展。课课都比赛，次次都不同，这样才能够吸引学生。

一、理论依据

（一）围绕新课标，探索新思路

真实情境下武术课课赛的实施，以发展学生核心素养为引领，重视育体、育智、育心，以"立德树人"为根本任务，坚持"健康第一"的指导思想，依据新课标，遵循学生的认知发展规律，培养学生武术运动兴趣，引导学生积极参与武术运动，提高武术套路技能，发展专项体能，培养团队协作意识，塑造体育品德。基于"教会、勤练、常赛"的理念，在课堂教学中创建真实情境，激发学生主动参与武术运动的意识。设计实施课课赛的依据主要包括武术运动项目特点分析和学情分析。比赛内容围绕着基本功、单一动作、基本动作串联、套路演练和小赛季，整体设计由浅入深、循序渐进的进阶性比赛。课课赛的实施能够提供更多的时间和机会让学生进行充分的练习，帮助他们巩固和运用所学运动知识和技能。在比赛中学生可以根据不同的要求进行不同难度的基本动作和简单组合动作的展示，参与形式多样的展示和比赛。武术课课赛关注个体差异，帮助学生在武术学习中享受乐趣、增强体质、健全人格、锤炼意志。

（二）武术项目特点分析

武术项目以技击为基本内容，以身心练习为基本手段，是一项有着悠久历史的中华传统体育项目。作为封闭式运动技能，对于塑造学生优美的体态，提高学生的身体控制能力和形体表现力，以及情绪调节能力都有突出的促进作用。在进行武术展演或功力练习时，不仅要专注于动作技术和表现力，同时也要强调武术礼仪的运用。因此，武术运动的学练对于增强学生体质，提高学生修养，使其全面发展均具有积极的引导作用。

（三）学情分析

从水平二到水平三的每个阶段，学生都会接触到武术知识，这一阶段的学生，正处在柔韧性、位移速度和灵敏性等身体素质的敏感期，学习和掌握技术动作较快，可塑性强，但身体动作的协调性和准确性等还较弱。在心理方面，这一阶段的学生好奇心强，兴趣广泛，开始由被动学习向主动学习转变，但注意力不够集中，有意注意需要完善。因此在教学过程中，教师应多运用启发式教学，引导学生主动学习武术知识，主动参与武术的多种学、练、赛活动，将基本功、单一动作和组合动作等真实比赛情境融入课课赛，让学生在比赛中体会动作，同时注意对学生进行"武德"教育，从而提高学生对所学技能的实际运用能力，促进体能、技能、心理和品德等方面的进步与成长，实现学生身心全面发展。

二、设计思路

武术课课赛适用于小学三至六年级，共 40 个，分为基本功类、单一动作类、基本动作串联类、武术套路类及小赛季五大类。

（一）基本内容

1. 基本功类课课赛以武术套路的基本功为主，共 9 个比赛项目，涉及腰功、腿功和步型等内容。

2. 单一动作类课课赛以武术套路中典型的基础动作为主，共 9 个比赛项目，该项目涵盖武术的基本礼仪、手型、手法、腿法及武术套路的代表动作。

3. 基本动作串联类课课赛将武术套路中最基础的动作进行串联，共 9 个比赛项目，内容涉及手型与步型的组合、手法与步型的组合、手法与步法的组合，以及行进间的手型手法、步型步法的串联动作组合。

4. 武术套路类课课赛是基于武术套路比赛的多种形式创设的，共 9 个比赛项目，比赛形式涉及演练方向、套路配乐、队形变换和攻防演练等多个方面。

5. 小赛季包含武术套路展示，在实际教学过程中，可根据学生能力合理安排。武术小赛季仅适用于三至六年级学生，共 4 个比赛项目，且 4 个项目之间既独立存在又是递进关系。

（二）设计思路

五类课课赛的内容是层层递进的关系，每一项内容既独立存在又必须有前面的练习作为基础。学习武术套路就像婴儿的成长过程一样，只有学会了坐着和爬行，才能站起来并逐渐学会走路和奔跑。武术基本功是学习所有武术套路的基础，因此将武术基本功类课课赛放在了第一类，可将此项比作"坐"。有了武术基本功作为基础，就可以学习一些简单的武术动作，但是婴儿的肌肉力量和各项身体素质还不够完善，还需要继续打基础，顺势就设计了第二类单一动作类课课赛，可将此项比作"爬"。婴儿通过爬行实现了上下肢协调配合，爬行可以让他探索新的世界，加之四肢的肌肉更有力量，婴儿就"站"了起来。此时婴儿以不同的视角观察同一个空间，眼界宽了就能看到更广阔的空间和事物。同理，不变的武术动作通过新的串联组合就产生了不同的意义和新的武术动作，因此第三类基本动作串联类课课赛便应运而生，可将此项比作"站"。婴儿站起来后，出于本能会向前迈步，通过走路，婴儿的眼界变得更宽阔，在家长的保护下可以去更远的地方探索新世界，在这一过程中，婴儿腿部肌肉力量变强，走得越来越稳，逐渐地可以脱离大人的辅助自己走。练习武术套路就好比是婴儿开始自己走路的过程，一边练习新的动作组合，一边又在家长的保护下学习规定套路，而规定套路就是前辈们的经验结晶，帮助武术新人逐渐领会武术动作的内涵。因此，可将第四类武术套路课课赛比作"走"。第五类武术小赛季既是检验学生武术套路学习成果的练兵场，也是展现他们自我成长的验金石。婴儿独立行走得稳不稳、快不快、好不好，通过跑步就能看出来，而通过武术比赛就能看出学生"走"得好不好，因此可将第五类武术小赛季比作"跑"。这五大类课课赛的40 项比赛内容，既是独立的，又在本质上相互连通。

这五类课课赛的设计，符合学生的成长规律，是学习武术套路的必经之路。终身练武、以武为伴是所有武术人一生的追求。我们作为教师，就是要为学生埋下"武伴终身"的种子，通过游戏和比赛让学生乐于学武、乐于练武，让武术的种子在学生的心里生根发芽，让他们将中华武术传承下去，将我国的国粹发扬光大。

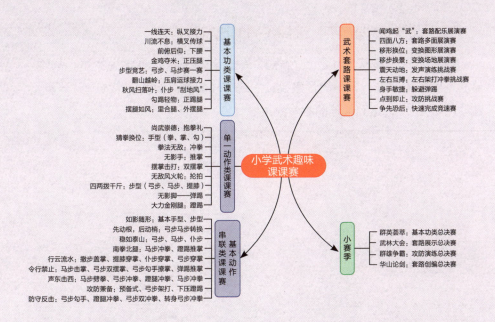

三、实施建议

在《关于全面加强和改进新时代学校体育工作的意见》中提出的"教会、勤练、常赛"体育课新模式的基础上，通过武术课课赛的设计可以为"常赛"提供更多的内容选择，增强学生常赛意识和比赛经验，拓展体育教师视野。在武术课课赛实施中，可以参考如下建议：

（一）名称有趣味，一听就想"玩"

为"课课赛"起一个有趣的名称，可以有效激发学生的好奇心，促使他们尽快投入比赛。如冲拳、推掌比赛可以叫作"闪电手"，蹬踢、弹踢动作可以叫作"无影腿"，学生通过争夺这些"称号"进行"比武"。

（二）针对不同年级，选择不同的比赛内容

在课课赛设计中，针对不同年级设计了相应的比赛内容，教师可以根据教学需要进行自主选择。

（三）针对不同水平，选择不同的比赛内容

在武术课课赛实施中要充分考虑各种"变数"，根据学生水平、场地、器材等实际情况进行不同的预案设计。这样才能在课堂实践中做到"遇事不乱，随机应变"，达到最佳的教学效果。

一 基本功类课课赛

基本功是武术的基础，基本功类课课赛以小游戏的方式规范学生动作，提高学生的练习兴趣。学练中华传统体育项目——武术，不仅能够强健体格，更能在学习过程中追求美、感悟美、创造美，滋养学生的精神世界，完善学生品格，激励学生争做中国功夫的传承人，激发学生的爱国情感，培养爱国精神。

1 一线连天：纵叉接力

【比赛目的】提高学生竖叉动作的规范性；发展学生的协调性和柔韧性等素质；培养学生团结协作的意识和锲而不舍的精神。

【比赛方法】在 10 米 ×20 米的平整场地内，学生 10 人为一组，2 ~ 4 组为宜。比赛开始后，第一名学生从指定位置做竖叉动作，后面的学生依次脚对脚连接，做出竖叉动作，直到组内全部学生完成连接，距离最长的小组获胜。（图 4-1）

图 4-1　一线连天：纵叉接力

【规则与裁判方法】

1. 听到哨声或口令后再开始比赛。

2. 接力时不能随意调整位置，始终保持竖叉动作。

3. 两脚之间不能有距离。

【比赛建议】在脚对脚完成竖叉连接的同时，双手做撑地动作，并保持平衡；也可双手做立掌动作，并保持稳定；竖叉完成较好的同学，可以尝试前后竖叉传物的练习。

2 川流不息：横叉传球

【比赛目的】提高学生横叉动作的规范性；发展学生的协调性和柔韧性等体能素质；培养学生团结协作的意识和锲而不舍的精神。

【比赛方法】在 10 米 ×20 米的平整场地内，学生 10 人为一组，2 ~ 4 组为宜。学生脚对着脚做横叉练习，第一个学生负责做侧压腿，把脚一侧的球从地上捡起来，向另一侧再做压腿动作，手递手将球传递给第二名学生，以此类推。第一次比赛哪一组的横叉接龙长哪一组获胜，第二次比赛哪一组的传球速度快哪一组获胜。（图 4-2）

【规则与裁判方法】

1. 听到哨声或口令后再开始比赛。

2. 接力时不能随意调整位置，始终保持竖叉动作。

3. 两脚之间不能有距离。

图 4-2　川流不息：横叉传球

【比赛建议】做横叉时要求脚对着脚，可以双手撑地；先传递一个球，后传递多个球；球的选择可从大到小，例如从传递软排球到传递小垒球。

③ 前俯后仰：下腰

【比赛目的】提高学生下腰动作的规范性；发展学生的协调性和柔韧性等体能素质；培养学生团结协作的意识和勇于拼搏的体育精神。

【比赛方法】在 10 米 ×20 米的平整场地内，学生 10 人为一组，2 ~ 4 组为宜。学生一路纵队站立，两人前后间隔一臂距离，一人从地上捡起球，将球从头上向后传给下一名学生，下一名学生手臂平行地面接球后从胯下传给下一名学生，下一名学生重复做此动作。用时最短的小组获胜。（图 4-3）

【规则与裁判方法】

1. 听到哨声或口令后再进行比赛。

2. 传递球时脚不能随意移动。

3. 如果传接球过程中球掉了，要从掉的位置重新传递。

【比赛建议】传接球的位置可根据学生腰部柔韧性的情况做适当调整，由高向低降低接球高度，提高下腰的难度，例如，可以由站立接球改为蹲着接球；球的选择可由大到小，既能增加传递时的难度，又能提高下腰动作的

图 4-3　前俯后仰：下腰

难度；可 3 人一组，第一名同学传递给第二名同学后从左侧跑向队伍最后，3 人依次练习，做行进间传递球动作。

4　金鸡夺米：正压腿

【比赛目的】提高学生正压腿技术动作的规范性；发展柔韧性等体能素质；培养学生的合作能力和不断挑战自我的精神。

【比赛方法】在 2 米 ×2 米的平整场地内，学生两人一组，甲做正压腿动作，乙站在甲的对面，双手或者单手前平举（距离根据学生情况而定），手持接力棒或其他小物品若干。甲伸手从乙手中拿起"小轻物"，规定时间内拿物品多者获胜。（图 4-4）

图 4-4　金鸡夺米：正压腿

【规则与裁判方法】

1. 听到哨声或口令后再开始比赛。

2. 比赛者两腿伸直，支撑脚不能移动。

3. 根据学生的柔韧性，物品放在小腿处积 1 分，脚尖处积 2 分，脚前 3 厘米处积 3 分，超过脚尖一只手的距离处积 5 分。

【比赛建议】辅助者的距离与练习者由近到远，逐渐拉大距离，提高练习难度；"夺米"次数可以由少至多进行。

5 步型竞艺：弓步、马步赛一赛

【比赛目的】增加学生武术学习兴趣的同时，提高马步、弓步基本动作的规范性；发展学生的下肢力量；培养学生勇于挑战的精神。

【比赛方法】在 2 米 ×2 米的平整场地内，马步为"布"，弓步为"剪刀"，两脚并拢做预备姿势为"石头"，两人一组，双手抱拳于腰间，做"石头剪刀布"的游戏，要边跳边做动作。石头 > 剪刀、剪刀 > 布、布 > 石头。（图 4-5）

图 4-5 步型竞艺：弓步、马步赛一赛

【规则与裁判方法】

1. 输的学生要用对方给的字组词。例如听到"马"后，说出"马车""马路"等。

2. 3 秒钟没有组出词的，要做 3 个蹲起。

【比赛建议】教师可以先说"石头、剪刀、布"，学生做"预备姿势、弓步、马步"；两名学生一组，原地边跳边玩新的"石头、剪刀、布"，输了要进行组词；两名学生可以行进间侧向跳着练习，距离可以为 5 米、8 米、10 米、15 米。

6 翻山越岭：压肩运球接力

【比赛目的】提高学生的肩部柔韧性和身体协调性等素质；培养学生的合作能力和锲而不舍的体育精神。

【比赛方法】在 10×20 米的平整场地内，两人一组，面对面站立，两脚左右分开，用手压住对方的肩膀，把海绵球放在对方的肩部，两人横向运球走。用时最短的组获胜。（图 4-6）

图 4-6　翻山越岭：压肩运球接力

【规则与裁判方法】

1. 听到哨声或口令后再开始比赛。

2. 要求两人配合默契，压肩膀到位，球才能稳妥。

3. 如果运球途中球掉地上了，要做 3 个蹲跳起后，继续运球。

【比赛建议】两人可以先尝试原地运球，再进行移动练习；跑的距离可以为 5 米、8 米、10 米和 15 米。

7 秋风扫落叶：仆步"刮地风"

【**比赛目的**】提高学生仆步动作的规范性；发展学生的柔韧性、协调性和反应能力等体能素质；培养学生在练习中培养吃苦耐劳、勇于挑战的意志品质。

【**比赛方法**】在 2 米 ×2 米的平整场地内，两人一组，练习者两脚分开比肩宽，重心在两腿中间。听教师的指令，当教师说"左仆步"，学生就做左仆步的动作，然后以右腿为轴，逆时针用左脚画最大的圆。另一名学生站在对方能够扫过来的位置做准备，当对方扫过来时，迅速从腿上跳过去。当听到教师说"右仆步"，学生就做右仆步的动作，然后以左腿为轴，逆时针用右脚画最大的圆，教师可以左右交换着说。（图 4-7）

图 4-7 秋风扫落叶：仆步"刮地风"

【**规则与裁判方法**】

1. 听到口令后再开始比赛。

2. 在做动作时，保持膝盖绷直状态。

3. 如果方向错了，需要做 3 个蹲跳起。

【**比赛建议**】学生在做仆步时，因为每名学生的柔韧性不一样，可由半侧压腿到深蹲侧压腿；在画圈练习中，可以先从画半圈开始；可以侧向对着前进方向做行进间左、右仆步。

8 勾踢轻物：正踢腿

【比赛目的】提高学生正踢腿动作的规范性；发展下肢柔韧性；培养学生的合作能力和竞争意识。

【比赛方法】在 10 米 ×20 米的平整场地内，两人为一组，把沙包放在脚背上，做正踢腿动作，把脚背上的沙包迅速从体前经头上钩踢向身后。第一名学生做完后，另一名学生做同样的动作，两人比远。（图 4-8）

图 4-8　勾踢轻物：正踢腿

【规则与裁判方法】

1. 听到哨声或口令后再开始比赛。

2. 在做正踢腿时，保持两条腿伸直状态。

【比赛建议】沙包的选择可以由轻到重；向后抛的物体也可以选择由小至大；两人一组，相距 5 米左右，一人踢过去，另一人踢回来。

9 摆腿如风：里合腿、外摆腿

【比赛目的】提高学生里合腿、外摆腿的动作幅度和动作质量；发展其髋关节柔韧性；培养学生不怕困难、勇于拼搏的体育精神。

【比赛方法】在 10 米 ×20 米的平整场地内，5 人一组，摆腿击打轻物。头顶正上方和原地两侧挂有悬垂的轻物（铃铛），做里合或者外摆，击打到铃铛算胜利。赢了的学生获得掌声，输了的学生做 3 个蹲起。

【规则与裁判方法】

1. 听到哨声或口令后再开始比赛。

2. 在做动作时，保持双腿膝盖绷直状态。

【比赛建议】先从开胯练习开始，屈腿提膝做里合和外摆，两人一组，一人手持垂线铃铛，一人做最大的摆动；做行进间的屈腿提膝动作；尝试用里合、外摆腿踢对方抛过来的脚靶，通过击打移动的物品提高学生摆腿速度和专注力。（图 4-9）

图 4-9 摆腿如风：里合腿、外摆腿

二　单一动作类课课赛

单一动作类课课赛是在学生掌握武术基本动作的基础上进行的比赛，它的特点是比赛规则简单，学生易于完成，更有利于掌握武术基本动作，要求学生在比赛中能够说出所学基本动作的要领，并将所学技能在比赛中灵活运用。通过比赛能够树立学生安全锻炼的意识，使其能够和同伴配合并正确评价自己及同伴的动作。同时，培养学生坚持不懈、互帮互助等优良品质。

10 尚武崇德：抱拳礼

【比赛目的】巩固抱拳礼动作，提高学生对武术礼仪的理解，以及在比赛中的运用能力；发展学生的上肢力量；培养学生谦虚、不自大、尊重对手的精神。

【比赛方法】在 7 米 ×14 米的平整场地内，学生一人站在场边。比赛开始后，学生根据教师的提示，进入场地做出抱拳礼，动作标准的学生获胜。（图 4-10）

图 4-10　尚武崇德：抱拳礼

【规则与裁判方法】

1. 不得提前进入场地。

2. 要站在指定的位置行礼。

3. 运用抱拳礼的时机要准确。

【比赛建议】攻防用法：一人行抱拳礼，另一人双手抓住行礼者的小臂，向两侧用力，看能否分开行礼者的抱拳礼，或者向下用力，看能否把行礼者的小臂按压下来。

11 猜拳换位：手型（拳、掌、勾）

【比赛目的】通过本项比赛，提高学生武术基本手型"拳""掌""勾"技术动作的规范性；发展学生的反应能力、位移速度和上肢力量；培养学生遵守规则、公平竞争的良好品质，树立正确的胜负观。

【比赛方法】在 10 米 ×10 米的圆形场地内，10 人一组进行游戏。9 名学生每人站在一块垫子上，1名学生站在圆圈中央并发令。9名学生与中间同学同时进行猜拳（每人每次只能从拳、掌、勾3个手型动作选做1个）。制约关系：掌胜拳，拳胜勾，勾胜掌。比赛中获胜或平局的学生原地不动，输了的学生要离开自己的位置，移动到其他空垫子上。踩到垫子的获胜，没有踩到垫子的学生到圆圈中央，作为下一轮游戏的发令者。（图4-11）

图4-11　猜拳换位：手型（拳、掌、勾）

【规则与裁判方法】

1. 听口令进行猜拳。

2. 不得提前移动。

3. 以谁先碰到垫子来判定归属权。

【比赛建议】可适当提高难度，加大比赛范围，增加跑动范围，输的人在移动后要做5个蹲起或10次冲拳再进行移动；进行反向游戏，改变游戏胜负判定顺序，进行游戏。

12　拳法无敌：冲拳

【比赛目的】巩固学生对于冲拳的动作要领的掌握；提高学生的反应能力、位移速度、上肢力量和爆发力，发展学生的协调性、灵敏性等体能素质；培养学生互帮互助、坚持不懈的意志品质。

【比赛方法】在 10 米 × 10 米的平整场地内，两人一组，一人比赛，一人计数，比赛者站在固定轻物的对面，量好冲拳的距离，在规定时间内击打轻物次数多的获胜。（图 4-12）

【规则与裁判方法】

1. 听到口令后再进行比赛。

2. 打中物体计数，打不中不计数。

3. 运用拳面击打轻物。

图 4-12 拳法无敌：冲拳

【比赛建议】单人冲拳击打固定轻物比赛，或听口令"冲""收"，进行冲拳击打移动轻物比赛。

13 无影手：推掌

【比赛目的】巩固学生对于推掌的动作要领的掌握，提高学生的推掌速度和掌根发力的准确性；发展学生的上肢力量及位移速度等体能素质；培养学生勇于突破自我的体育精神。

【比赛方法】在 10 米 × 20 米的平整场地内，两人一组，利用脚靶进行推掌比赛。两人间距两臂距离，一人双手持脚靶，放于体前，一人推掌击打脚靶。击中 1 次脚靶得 1 分，在 1 分钟内，得分高者获胜。（图 4-13）

图 4-13 无影手：推掌

【规则与裁判方法】

1. 动作标准，路线正确，推掌有力、有节。

2. 上身保持直立姿态，动作不变形。

【比赛建议】多方位、多脚靶推掌比赛或 5 ~ 10 米的行进间推掌比赛。

14 摆掌击打：双摆掌

【比赛目的】巩固学生摆掌的技术动作；提高反应意识。发展学生的协调性、灵敏性、肌肉力量等体能素质；培养学生互帮互助、坚持不懈的精神。

【比赛方法】在 10 米 ×10 米的平整场地内，两人一组，一人比赛，一人计数，比赛者站在悬挂轻物的中间，左右双摆掌击打两侧的轻物，在规定时间内击打轻物次数多的获胜。（图 4-14）

图 4-14　摆掌击打：双摆掌

【规则与裁判方法】

1. 听到口令后再开始比赛。

2. 打中物体计数，打不中不计数。

3. 运用摆掌击打轻物。

【比赛建议】单人进行原地的左右双摆掌击打轻物比赛，或两人、多人配合进行左右双摆掌击打移动轻物比赛。

15 无敌风火轮：抢拍

【比赛目的】巩固学生对于抢拍动作要领的掌握；发展学生肩关节的柔韧性和上下肢的协调性；培养学生坚持不懈的意志品质。

【比赛方法】在 10 米 ×10 米的平整场地内，两人一组，一人比赛，一人计数。参赛者开步站立，两掌侧平举。身体左转，右掌向下再向上抢，左掌向上再向下抢，两手继续抢动；上体右转，同时右臂抢至后下方，左臂抢至前上方；上体左转成右仆步，同时右臂抢至右腿内侧拍地，左臂停于左上方，目随右掌。做完以上动作为完成 1 次，接着重复动作，先完成规定的次数的获胜或规定时间内完成次数多者胜出。（图 4-15）

图 4-15 无敌风火轮：抢拍

【规则与裁判方法】

1. 听到口令后再开始比赛。

2. 做到上抢贴近耳，下抢贴近腿。

3. 仆步抢拍拍地计数，不拍地不计数。

【比赛建议】单人由慢到快做抢臂练习，然后逐步过渡到完整的抢拍练习；单人先做正仆步抢拍，动作一样，方向相反，即可成反仆步抢拍；动作熟练后，多人交替进行一正一反仆步抢拍。

16 ▶ 四两拨千斤：步型（弓步、马步、提膝）

【比赛目的】巩固学生对于步型"弓步、马步"等动作要领的掌握；锻炼学生的反应能力和身体控制能力，发展学生的灵敏性、核心力量和下肢力量；培养学生勇于挑战，不畏困难的精神。

【比赛方法】在 10 米 ×20 米的平整场地内，3 人一组，一人为裁判，两人进行比赛。两人面对面，间隔 1 米成弓步、马步或提膝站立准备。游戏开始后，两人采用推手中的推、拉、躲、闪等方法使对方脚步移动或失去平衡，即为获胜。3 人轮换进行。（图 4-16）

图 4-16　四两拨千斤：步型（弓步、马步、提膝）

【规则与裁判方法】

1. 听口令开始比赛，不允许提前做动作。

2. 只允许手掌接触，不能触碰对方其他身体部位。

3. 在游戏过程中，脚部不能移动，移动即为失败。

【比赛建议】在圆圈内进行比赛，步型不限，将对手推出圆圈即为获胜；规定步型以提高难度（弓步、马步均可），将对手推动即为获胜；双脚踩在平衡木或梅花桩上进行角力比赛。

17 无影脚：弹踢

【比赛目的】提高学生对弹踢动作的技术要领的掌握程度，通过自抛自踢动作锻炼上下肢配合的能力，体会弹踢动作的发力位置，让弹踢动作在套路演练中能够干净利落地展现；发展学生下肢力量及协调性等体能素质；培养学生勇于挑战自我、不断进取的精神。

【比赛方法】准备纸球若干。在 10 米 ×20 米的平整场地内，设置一条标志线作为起点，然后在距起点线 1 米、3 米、5 米、8 米处，各画一条线作为得分线，分别为 1、2、3、4 分。学生成 4 列横队散开站在起点线后，1 列为一组，第 1 列每人 2 个纸球。发令后，第 1 组学生分别将 2 个纸球轻轻上抛（或自由落体），当球下落至适宜位置时，用惯用脚的脚背用力将纸球向正前方踢出，以球第一落点的位置判定得分。然后，迅速跑出将球捡回交给第 2 组。以此类推，直至第 4 组结束游戏。最后累计得分多者胜出。（图4-17）

图 4-17　无影脚：弹踢

【规则与裁判方法】

1.听口令做动作，脚不得越过起点线。

2.每人 2 次得分合计，全体队员累计得分为该组最终得分。

【比赛建议】一人抛球，一人弹踢，进行两人配合赛；多人弹踢接力比远。

18 大力金刚腿：蹬踢

【比赛目的】提高学生对蹬踢动作的技术要领的掌握程度，锻炼反应能力，体会蹬踢动作的发力位置，使蹬踢动作在套路演练中能够干净利落地得以展现；发展学生下肢力量及协调性等体能素质；培养学生与人合作的能力和勇于挑战自我的精神。

【比赛方法】在 10 米 ×20 米的平整场地内，两人一组进行比赛。预备时，两人面对面站立，距离适中。一人持小垫子或脚靶，另一人叉腰准备蹬腿。持垫学生发口令"左"或"右"，另一人迅速反应，做出相应腿的蹬踢动作。蹬踢时，动作路线正确，先提膝勾脚，再蹬出。与口令方向一致，动作路线正确，且成功蹬踢到脚靶，则获得 1 分。两人轮换进行比赛，相同次数得分高者获胜。（图 4-18）

图 4-18　大力金刚腿：蹬踢

【规则与裁判方法】

1. 听口令做动作。

2. 上身保持直立姿态，动作不变形。

【比赛建议】行进间上步蹬踢比赛；行进间退步蹬踢比赛；与步型结合的行进间蹬腿练习。

三　基本动作串联类课课赛

　　基本动作串联类课课赛是在学生掌握武术基本功、基本动作的基础上，将不同动作组合变换串联后形成的比赛。它的特点是对学生基本功要求较高，规则多样，动作对学生有挑战性，有助于帮助学生提高武术动作及基本功的掌握程度，要求学生在比赛中能够做出所学的武术串联动作，并能在比赛中规范地应用所学动作。通过比赛，学生能够与同伴友好相处，在教师的帮助下能够调节自己的情绪。同时，培养学生的团队合作意识及正确的胜负观。

19 如影随形：基本手型、步型

【比赛目的】巩固学生所学的基本手型"拳掌勾"和基本步型弓步、马步等技术动作。提高学生变换动作的反应能力；发展身体协调性、灵敏性、肌肉力量等体能素质；培养学生遵守规则、积极进取的良好品质。

【比赛方法】在 10 米 ×20 米的平整场地内，两人一组进行比赛。一人做出基本手型、步型及组合动作，另一人快速模仿出相应动作。模仿学生动作路线正确，动作标准即为获胜。两人角色互换，进行比赛。（图 4-19）

（1）同向模仿

（2）反向模仿

（3）移动模仿

图 4-19　如影随形：基本手型、步型

【规则与裁判方法】

1. 示范学生的动作要规范、标准。

2. 在规定场地范围内进行比赛。

3. 不做危险动作。

【比赛建议】进行手型、步型组合比赛，如马步推掌、弓步冲拳、弓步架掌等；进行手型、步型组合反向模仿比赛；在各种方式的移动中进行手型加步型的组合模仿比赛。

20 先动根，后动梢：弓步马步转换

【比赛目的】使学生准确掌握弓步和马步的技术动作，提高学生步型转换时脚踝蹬转发力的能力；发展学生的下肢力量、位移速度，以及上下肢的协调性配合能力；培养学生遵守规则，挑战自我的优良品质。

【比赛方法】在 10 米 ×20 米的平整场地内，4 人一组进行比赛，两人参赛，两人放置泡沫砖并担任裁判角色，测量蹬出远度。参赛者在同一起点线上做好马步动作，裁判员将泡沫砖贴放在参赛者的脚外侧，参赛者脚踝蹬转发力，将泡沫砖蹬出。蹬出最远者，即为获胜者。然后角色互换，进行比赛。（图 4-20）

（1）马步准备

（2）弓步蹬转

（3）泡沫砖的摆放位置

图 4-20　先动根，后动梢：弓步马步转换

【规则与裁判方法】

1. 弓步、马步动作标准且规范。

2. 弓马蹬转发力要一气呵成。

3.蹬转发力，脚必须放于同一起点线。

【比赛建议】原地增加 2 块泡沫砖，单脚蹬出距离最远者得 1 分，双脚同时蹬出距离最远者得 2 分；相邻两个小组比赛，蹬出距离远者得 4 分。

21 稳如泰山：弓步、马步、仆步

【比赛目的】巩固学生弓步、马步、仆步的技术动作，提高学生动作变换的稳定性；发展学生的下肢协调性和力量等体能素质；培养学生挑战自我、锲而不舍的优良品质。

【比赛方法】在 10 米 × 20 米的平整场地内，3 人一组进行比赛，一人做好马步，另外两人拉一根绳子放于参赛者头顶，并担任裁判员角色。在教师发出指令后，学生做出相应的 3 种步型转换，转换时重心要稳。30 秒内，从左至右完成次数最多且不碰到绳子者，即为获胜者。然后角色互换，进行比赛。（图 4-21）

图 4-21　稳如泰山：弓步、马步、仆步

【规则与裁判方法】

1.弓步、马步、仆步动作转换标准且规范。

2.比赛过程中不能用手扶或用身体碰触绳子，否则视为犯规。

【比赛建议】学生可以在头上或身体其他部位放一个沙包比赛，进行行进间 2 米和 3 米的比赛，不断提高距离难度；小组接力，小组成员交替做行进间接力比赛。

22 南拳北腿：马步冲拳、蹬踢推掌

【比赛目的】巩固学生所学的马步冲拳、蹬踢推掌的技术动作，提高学生上下肢交替和变换动作的反应能力；发展学生的身体协调性、灵敏性、位移速度、力量等体能素质；培养学生积极进取、遵守规则的良好品质。

【比赛方法】在 10 米 ×20 米的平整场地内，学生成 4 列体操队形散开，1、3 组做 2 次马步冲拳，然后做 1 次蹬踢推掌组合的串联技术动作，2、4 组担任裁判员角色进行计数。听到"开始"口令时，在规定的 10 ~ 60 秒内，2、4 组学生记下对应学生完成的有效组数。然后，相互交换角色继续比赛，有效组数多者胜出。

【规则与裁判方法】

1. 马步冲拳、蹬踢推掌动作的串联转换标准且规范。

2. 没有完成要求的动作数量和内容，不算有效组数。

3. 冲拳时必须发声。

【比赛建议】在规定时间内，以击打固定障碍物次数、手脚绑小沙袋击打固定障碍物次数或击打移动障碍物次数判定胜负。（图 4-22）

（1）击打固定物　　　　（2）负重　　　　　　（3）击打移动物

图 4-22　南拳北腿：马步冲拳、蹬踢推掌

23 行云流水：撤步盖掌、提膝穿掌、仆步穿掌、弓步穿掌

【比赛目的】巩固学生行进间仆步穿掌动作的连贯性，提高学生行进间仆步穿掌的各个动作之间的衔接性和速度，提高学生提膝穿掌、仆步穿掌与弓步穿掌的动作规范性；在游戏时通过提高难度，提升学生的专注力和反应能力；培养学生团队协作、积极进取的优良品质。

【比赛方法】在 10 米 ×20 米的平整场地内，4 人一组，两人为参赛者，两人为裁判员。在规定场地内，参赛者连续做行进间仆步穿掌，且不得触碰障碍，完成动作质量高者为胜或触碰障碍少者为胜。双方角色互换，进行比赛。（图 4-23）

（1）撤步盖掌

（2）提膝穿掌

（3）仆步穿掌

（4）弓步穿掌

图 4-23　行云流水：撤步盖掌、提膝穿掌、仆步穿掌、弓步穿掌

【规则与裁判方法】

1. 参赛者动作路线正确，步型规范正确。

2. 裁判员监督参赛者的动作是否规范。

3. 参赛者和裁判员均要本着公平公正的原则，不得徇私舞弊。

【比赛建议】在 3 米、5 米和 10 米的比赛场地内，进行无障碍赛、障碍过杆赛和蒙眼障碍过杆赛。

24 令行禁止：马步击掌、弓步双摆掌、弓步勾手撩掌、弹踢推掌

【比赛目的】巩固学生所学的马步击掌、弓步双摆掌、弓步勾手撩掌、弹踢推掌技术动作，提高武术串联动作变换的反应能力；发展学生的协调性、灵敏性、稳定、力量等体能素质；培养学生坚持不懈、积极进取的良好品质。

【比赛方法】在 20 米 ×20 米的平整场地内，4 人一组进行比赛，两人做并步抱拳准备动作，另外两人担任裁判员角色进行发令。在规定时间 30 ~ 60 秒内比稳定性。参赛者在比赛时间内，根据裁判员口令做出所学过的套路串联动作，听到"停止"指令后停止不动，若出现身体晃动或移步则为失败，失败后立即重新做好动作继续游戏。失败次数最少的为获胜者。（图 4-24）

【规则与裁判方法】

1. 马步击掌、弓步双摆掌、弓步勾手撩掌、弹踢推掌动作串联转换标准且规范。

2. 参赛者不能自行停顿。

3. 在规定场地范围内进行比赛。

【比赛建议】用标志垫摆成一条直线，学生踩在标志垫上进行正向动作和反向动作比赛。完成后的学生再站在"梅花桩"点位图上进行比赛。（图 4-24）

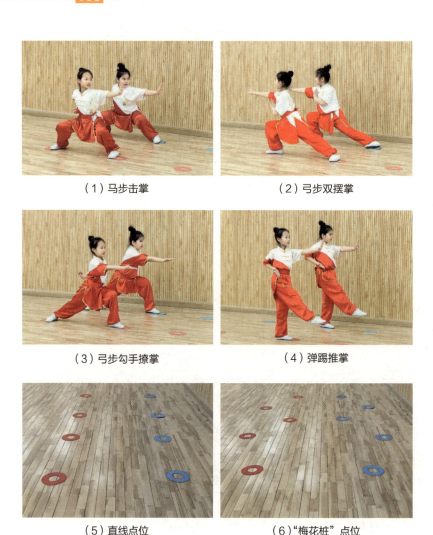

（1）马步击掌　　　　　　　　（2）弓步双摆掌

（3）弓步勾手撩掌　　　　　　　（4）弹踢推掌

（5）直线点位　　　　　　　　（6）"梅花桩"点位

图4-24　令行禁止：马步击掌、弓步双摆掌、弓步勾手撩掌、弹踢推掌

25 声东击西：马步劈拳、弓步冲拳、蹬腿冲拳、马步冲拳

【比赛目的】提高学生在"声东击西"中串联动作的熟练性，强化学生马步劈拳、弓步冲拳、蹬腿冲拳、马步冲拳的基本技术及动作规范性；发展学生的协调性、力量素质及反应能力；培养学生团队协作、积极进取的优良品质。

【比赛方法】在 10 米 ×20 米的平整场地内，两人为一组，一人说出并做出前两个动作，另一人接着说出和做出后两个动作。两人面对面站立，组内进行比赛。各组同时由起点开始，失误次数少的学生获胜。例如：学生 A 说出"马步劈拳""弓步冲拳"并做出左向的武术动作，学生 B 立即做出右向的马步劈拳、弓步冲拳的动作，并接着说出"蹬腿冲拳""马步冲拳"，两人同时完成该动作。两人就像照镜子一样，所有动作中涉及方向的，都要变成反向动作，通过比赛提高学生的反应能力。（图 4-25）

（1）马步劈拳　　　　　　　　　　　（2）弓步冲拳

（3）蹬腿冲拳　　　　　　　　　　　（4）马步冲拳

图 4-25　声东击西：马步劈拳、弓步冲拳、蹬腿冲拳、马步冲拳

【规则与裁判方法】

1. 口述动作名称要清楚。

2. 动作错误的学生记错一次。

3. 当两人成绩一样时，再加赛一轮，决出胜负。

【比赛建议】两人一组，学生进行个人计分赛；4 人一组，学生进行小组计分赛；8 人一组，学生进行团队计分赛。

26 攻防兼备：预备式、弓步架打、下压蹬踢

【比赛目的】加深学生对弓步架打与蹬踢架打攻防含义的理解，使其切实感受技击动作的力点所在；发展学生的反应能力与灵敏性等体能素质；培养学生尊重对手的良好品质，树立社会责任感。

【比赛方法】在 7 米 ×14 米的平整场地内，两人一组，一人为演练者，另一人持充气棒作为辅助者，两人间隔 1.5 米。预备：当听到教师哨声后，演练者双拳迅速收至腰间，辅助者双手持充气棒于头上。弓步架打：听到教师第二声哨声后，演练者做弓步脚架打动作，防止辅助者的充气棒打到头部，辅助者持棒迅速纵向击打演练者头部。下压蹬踢：听到第三声哨声后，演练者迅速做出动作，防止辅助者的充气棒打到自己的腹部，辅助者水平击打演练者腹部。在比赛过程中，演练者防守成功得 1 分，辅助者击打成功得 1 分，分数累计。练习 3 组后，角色互换，总分高者胜。（图4-26）

（1）预备式

（2）弓步架打

（3）下压蹬踢

（4）充气棒

图 4-26 攻防兼备：预备式、弓步架打、下压蹬踢

【规则与裁判方法】

1. 本着友谊第一、比赛第二，安全第一、成功第二的原则，进行攻防体验练习。

2. 在比赛过程中，辅助者的击打力度要适度，不要过重。

3. 攻防动作不规范者不得分。

【比赛建议】一令一动，每一动都以教师口令为准，进行分解练习；一令两动，教师发出一个口令，演练者和辅助者将两个动作连起来做，进行完整练习。

27 防守反击：弓步勾手、蹬腿冲拳、弓步双冲拳、转身弓步冲拳

【比赛目的】巩固学生武术串联动作的规范性，提高身体协调性，并在练习中重点体会"气沉丹田"后的身体稳定性；提高学生的灵敏性及身体协调性；培养学生勇于突破自我、追求卓越的意志品质。

【比赛方法】在 10 米 ×10 米的平整场地内，4 人一组，两人演练，两人提供保护和帮助。提供保护和帮助的学生站在演练者的体侧做保护和帮助，以防演练者在降重心的过程中急于求成而摔倒。两个演练者为比赛对手，率先完成所有动作的学生获胜。完成后，演练者与提供保护和帮助的学生互换角色。比赛时，按性别分组，因男生、女生的爆发力和位移速度不同，比赛结果会有很大差异。（图 4-27）

【规则与裁判方法】

1. 两个提供保护和帮助的学生也是裁判员。

2. 完成全套动作用时少、动作规范且重心稳的学生获胜。

3. 所有冲拳动作都要从腰间冲出，否则动作无效。

【比赛建议】在 4 人的小组内采用循环赛，获胜次数多的学生进入淘汰赛环节；男生、女生分组进行混合淘汰赛。

（1）弓步勾手

（2）蹬腿冲拳

（3）弓步双冲拳（一）

（4）弓步双冲拳（二）

（5）转身弓步冲拳

图 4-27　防守反击：弓步勾手、蹬腿冲拳、弓步双冲拳、转身弓步冲拳

武术套路课课赛是建立于武术套路完整练习基础之上的竞赛练习形式，它的特点是突出套路的完整性、体现练法的多样性及全面发展学生素质的综合性，通过练习可以很好地帮助学生掌握《少年拳》完整套路，提高学生的武术套路演练水平，为学生终身练习武术运动打下良好的基础。

28 闻鸡起"武"：套路配乐展演赛

【比赛目的】巩固学生《少年拳》套路的基本动作，增强学生在演练套路时的表现力；发展学生的身体协调性、灵敏性等体能素质；培养学生互帮互助、坚持不懈的意志品质。

【比赛方法】选择 10 米 ×20 米的平整场地，将学生分成人数相等的若干组，每组 5 ~ 8 人为宜。音乐开始后，学生听口令跟随音乐完成《少年拳》套路的完整演练。做动作的同时说出正确的动作名称，动作规范、整齐划一的小组获胜。（图 4-28）

图 4-28 闻鸡起"武"：套路配乐展演赛

【规则与裁判方法】

1. 动作与配乐节奏统一。

2. 做到手眼协调，有精气神。

3. 比赛前后行抱拳礼。

4. 动作有力，展现武术特色。

【比赛建议】听口令进行正反方向连续演练；无口令进行正反方向连续演练。

29 四面八方：套路多面展演赛

【比赛目的】巩固学生《少年拳》套路的基本动作，强化学生记忆，增强学生在演练套路时的连贯性；发展学生的肌肉力量、灵敏性等体能素质；培养学生认真练习的意志品质。

【比赛方法】选择 10 米 ×20 米的平整场地，将学生分成人数相等的若干组，每组 5 ～ 8 人为宜。练习时，学生听教师指挥朝向不同方向（东、南、西、北），完成《少年拳》套路的完整演练。做动作的同时说出正确的动作名称，动作规范、动作有力的小组获胜。（图 4-29）

图 4-29 四面八方：套路多面展演赛

【规则与裁判方法】

1. 动作熟练，衔接连贯。

2. 手眼相随，有精气神。

3. 比赛前后行抱拳礼。

4. 动作有力，展现武术特色。

【比赛建议】由一名同学带领到多名同学带领，最后无人带领，进行不同方向的演练。

30 移形换位：变换图形展演赛

【比赛目的】巩固学生《少年拳》套路的基本动作，提高武术演练的整齐度和学生的空间判别能力；发展学生的柔韧性、肌肉力量等体能素质；培养学生的集体意识。

【比赛方法】选择 10 米 ×20 米的平整场地，将学生分成人数相等的若干组，每组 5 ~ 8 人为宜。练习时，学生站成不同队形，完成《少年拳》套路的完整演练。做动作的同时冲拳喊"哈"，动作规范、队形整齐的小组获胜。（图 4-30）

图 4-30　移形换位：变换图形展演赛

【规则与裁判方法】

1. 动作有力，队形整齐。

2. 发声响亮，有精气神。

3. 比赛前后行抱拳礼。

4. 服装、动作统一，展现武术特色。

【比赛建议】学生站成 2 列横队进行演练；学生站成三角队形进行演练；学生站成 4 列横队进行演练；学生站成自创队形进行演练。

31 移步换景：变换场地展演赛

【比赛目的】巩固学生《少年拳》套路的完整动作，提高武术演练的连贯性和学生的空间判别能力；发展学生的位移速度、肌肉力量等体能素质；培养学生的适应能力。

【比赛方法】选择适宜、平整的场地，将学生分成人数相等的若干组，每组 5 ~ 8 人为宜。比赛时，学生站在不同场地完成少年拳套路的完整演练。做动作的同时冲拳喊"哈"，动作规范、动静相宜的组获胜。（图 4-31）

图 4-31 移步换景：变换场地展演赛

【规则与裁判方法】

1. 动作有力，动静结合。

2. 发声响亮，有精气神。

3. 比赛前后行抱拳礼。

4. 动作一致，展现武术特色。

【比赛建议】学生在操场、武术场地、游戏区域等不同场地进行完整演练。

32 震天动地：发声演练挑战赛

【比赛目的】巩固学生《少年拳》套路的完整动作，增强学生在套路演练时的表现力和精气神；发展学生的柔韧性、耐力等体能素质；培养学生刻苦练习的意志品质。

【比赛方法】选择 10 米 × 20 米的平整场地，将学生分成人数相等的若干组，每组 5 ~ 8 人为宜。比赛时，学生在教师的提示下，完成《少年拳》套路的完整演练。做动作的同时冲拳和横打，喊"哈"，口令整齐、动作有力的小组获胜。（图 4-32）

图 4-32　震天动地：发声演练挑战赛

【规则与裁判方法】

1. 动作整齐、有力。

2. 发声清脆、短促，有精气神。

3. 比赛前后行抱拳礼。

4. 服装、动作统一，展现武术特色。

【比赛建议】学生听动作名称（如"震脚架打"）进行演练；学生听口令提示（如"震""打"）进行演练；学生听击掌或哨声进行演练；学生自主完成集体演练。

33 左右互搏：左右架打冲拳挑战赛

【比赛目的】提高学生震脚架打动作的完成质量，使学生明确架打动作的攻防含义，提高武术演练的规范性；发展学生的柔韧性和爆发力等体能素质；培养学生勇敢顽强的意志品质。

【比赛方法】选择 10 米 ×20 米的平整场地，将学生分成人数相等的若干组，每组 5 ~ 8 人为宜。练习时，学生从线后出发，行进间依次完成左右方向的架打冲拳连续动作，行进距离为 8 米。做动作一招一式，动作规范、连贯且稳定的小组获胜。（图 4-33）

图 4-33　左右互搏：左右架打冲拳挑战赛

【规则与裁判方法】

1. 跟步下格，进步冲拳，左右连贯。

2. 突出攻防，放长击远。

3. 线后出发，过线结束。

4. 手臂拧转，展现攻防特色。

【比赛建议】学生进行左右架打冲拳的分解练习、完整练习、自主练习（半趟）和自主练习（整趟）。

34 身手敏捷：躲避弹踢

【比赛目的】提高学生垫步弹踢动作的完成质量，使学生明确弹踢动作的攻防含义，提高武术演练的规范性；发展学生的灵敏性、协调性等体能素质；培养学生勇于竞争的意志品质。

【比赛方法】选择 10 米 ×10 米的平整场地，将学生分成两人一组的若干组，两人侧向相对站立。比赛时，一人原地弹踢，一人躲闪或搂、挡，击中同伴髋关节以下部位得分。（图 4-34）

图 4-34 身手敏捷：躲避弹踢

【规则与裁判方法】

1. 点到为止，击中得分。

2. 突出攻防，放长击远。

3. 力度适中，避免受伤。

4. 迅速躲闪，展现攻防特色。

【比赛建议】学生听口令、哨声、击掌进行练习，最后两人一组进行自主练习。

35 点到即止：攻防挑战赛

【比赛目的】提高学生冲、横、撩、打动作的完成质量，使学生明确上肢动作的攻防含义，提高武术演练的规范性；发展学生的灵敏性、肌肉力量等体能素质；培养学生坚忍不拔的意志品质。

【比赛方法】选择 10 米 × 10 米的平整场地，将学生分成两人一组的若干组，侧向相对站立。比赛时，一人原地随机冲横、撩、打，一人进行防守，击中躯干得 1 分，进攻学生移动为输。练习时点到为止，不许击打头部、裆部。（图 4-35）

图 4-35　点到即止：攻防挑战赛

【规则与裁判方法】

1. 点到为止，击中得分。

2. 突出攻防，放长击远。

3. 力度适中，避免受伤。

4. 迅速躲闪展现攻防特色。

【比赛建议】学生听哨声和击掌声进行练习；穿护具和无护具进行练习。

36 争先恐后：快速完成竞速赛

【比赛目的】巩固学生《少年拳》套路的完整动作，增强学生在演练套路时的表现力；发展学生的身体协调性、灵敏性等体能素质；培养学生互帮互助、坚持不懈的意志品质。

【比赛方法】选择 10 米 × 20 米的平整场地，将学生分成人数相等的若干组，每组 5 ~ 8 人为宜。练习时，学生连续完成两次或多次《少年拳》套路的完整演练。动作规范、连贯有力的组获胜。（图 4-36）

图 4-36 争先恐后：快速完成竞速赛

【规则与裁判方法】

1. 动作到位，一招一式。

2. 手眼协调，有精气神。

3. 比赛前后行抱拳礼。

4. 动作连贯有力，展现武术特色。

【比赛建议】学生独立连续完成至少 2 次完整套路；集体完成 2 次完整套路；依次接力完成多个完整套路。

五　小赛季

　　武术小赛季是在全员参与的前提下，在校园中普及和推广的武术比赛项目。小赛季基于前 4 类课课赛中学生所学的技能设计和开展，兼具武术运动的趣味性及挑战性。通过比赛，学生能够将所学技能运用到比赛及其他真实情境中，提高适应环境和调节自身情绪的能力，形成遵守规则、尊重对手、尊重裁判、顽强拼搏的优良品质。

37 群英荟萃：基本功类总决赛

【比赛目的】通过挑战赛和展演赛，提高学生基本功类动作的规范性；发展学生的柔韧性和协调性；培养学生勇于挑战、不怕困难的意志品质。

【比赛方法】

1.挑战赛

（1）30秒冲拳比多。（25次及以上记5分，24～21次记3分，20～15次记1分，15次以下不得分）

（2）30秒仆步铲球比多。（15个及以上记5分，14～11个记3分，10～5个记1分，5个以下不得分）

（3）30秒左右歇步比多。（20次及以上记5分，19～16次记3分，15～10次记1分，10次以下不得分）

每个项目每班可选4名学生（2男2女），共计12人参加比赛。

2.展演赛

每班派出10名男生、10名女生，共计20人，代表本班参加年级武术组合动作操展演，可分为集体展演赛和个人展演赛。满分10分：服装统一分值为2分，动作整齐分值为2分，动作规范路线正确分值为2分，动作连贯有力分值为2分，有武术精气神分值为2分。

【规则与裁判方法】

1.个人、集体、团体赛进场和退场行抱拳礼。

2.各项比赛的满分为10分，动作规格分值为6分，演练水平分值为3分，创新难度分值为1分。

【比赛建议】每班派两名学生担当裁判员，参与展演赛的执裁；各班将挑战赛及展演赛分数相加，分数在年级前50%的班级将获得"精武少年班"称号；在挑战赛中得满分的学生获得"精武少年"称号。

38 武林大会：套路展示总决赛

【比赛目的】对本学期所学的套路进行展示与比赛，提高学生学练武术的兴趣。

【比赛方法】

1. 武林大会开幕式、武术队表演。

2. 运动员入场。

3. 裁判员入场。

4. 正式比赛：单人功力总决赛、集体套路创编展示总决赛、攻防演练创编总决赛、单人演练总决赛。

5. 录取办法：

（1）单项比赛录取个人前 3 名，集体套路录取前 3 名。

（2）各班单项比赛加集体比赛得分之和为该班级团体总分，录取班级团体总分前 3 名。

6. 武林大会闭幕式。

【规则与裁判方法】

1. 个人、集体、团体赛进场和退场行抱拳礼。

2. 各项比赛满分为 10 分，动作规格分值为 4 分，演练水平（武术特色、精神面貌、配合度）分值为 5 分，其他展示分值为 1 分。评分标准见表 4-1。

表 4-1 评分标准

评价指标	分值（分）	主要观察点	评分标准	其他错误扣分
动作规格	4	点线型、美准稳	动作规范、整齐划一、节奏准确	1. 参赛队少于规定人数，扣 1 分 2. 参赛队进退场拖延时间，每拖延 5 秒钟扣 1 分 3. 遗忘动作、错漏拍节、失去平衡、服饰失误（比赛时掉物或装束散落），每出现 1 人次扣 0.1 分
武术特色	2	有力点，有精气神	劲力充足、特点突出	
精神面貌	2	有气势、一致性	精神饱满、热情奔放、感染力强	
配合度	1	有配合、动作准	动作准确、配合协调性	
其他展示	1	服装、进退场	服装统一、整齐得体，进退场队伍整齐、步伐有力、精神面貌好	

【比赛建议】 遵守比赛规则，尊重裁判；文明观赛，有秩序。

39 群雄争霸：攻防演练总决赛

【比赛目的】提高学生《少年拳》套路动作规格；发展学生的柔韧性、协调性等素质；培养学生刻苦练习、不怕困难的意志品质。

【比赛方法】

1. 开幕式。

2. 比赛礼仪介绍。

3. 全班分为 6 ~ 8 个队伍，每队 6 人。

4. 挑战赛：两人一组，运用《少年拳》及武术基本功中的动作，进行攻防对抗，选出一名学生当裁判员。攻防双方动作标准，反应速度快且动作有效积 3 分；攻防双方动作标准，一方反应速度慢，动作有效积 2 分；攻防双方动作不标准，一方反应速度慢，动作有效积 1 分。

5. 班级对抗赛：每轮每组派出两名运动员进行攻防对抗表演，其他组派出裁判员进行打分，每个队伍所有队员表演完成后，分数相加，分数最高的组获得第一名。

6. 擂台赛颁奖：颁发第一名、第二名、第三名、最佳裁判员、公平竞赛队伍、最佳运动员。

7. 擂台赛闭幕式。

【规则与裁判方法】

1. 个人、集体、团体赛进场和退场行抱拳礼。

2. 各项比赛的满分为 10 分，动作规格分值为 6 分，演练水平分值为 3 分，创新难度分值为 1 分。

【比赛建议】不急于求成，演练的关键是攻防动作的合理性、连贯性及有效性，团结小组成员的力量完成动作的攻防创编。

40 华山论剑：套路创编总决赛

【比赛目的】通过个人功力赛、个人套路展示赛、集体套路展示赛、集体套路创编赛、攻防演练创编赛，让每个学生都自信地展示自己的风采。通过小组合作，提高学生的自我发展意识及团结合作能力。

【比赛方法】学生以参赛项目为单位，排成一路纵队前往比赛地点，在比赛过程中，任何学生或教师不得穿越比赛场地，当运动员两项比赛冲突时，裁判员可临时调换比赛顺序，错开运动员比赛时间。活动流程如下：

1. 主持人宣布开幕式开始，集体观看武术表演。

2. 入场式（运动员入场）。

3. 升国旗，奏唱国歌。

4. 领导致辞。

5. 运动员代表发言，裁判员代表发言。

6. 年级组长宣布"华山论剑"比赛开幕。

7. 正式比赛。

8. 计算团体总分。

9. "华山论剑"闭幕式，颁发奖项，有序离场。

个人功力赛

评选出一等奖 4 名、二等奖 6 名、三等奖 10 名，男生、女生分开评选。

1. 行云流水：行进间仆步穿掌（15 米）

【比赛目的】巩固提高学生行进间仆步穿掌动作的连贯性，增强学生提膝穿掌与仆步穿掌相互串联的动作意识。同时，在游戏时通过提高难度，考验练习者的专注力、反应能力以及准确度，增加同伴间相互配合的默契度。

【比赛方法】4 人一组，两人参赛，两人做小裁判。在固定距离内，参赛者连续做行进间仆步穿掌，动作质量高者胜。小裁判监督参赛队员是否有作弊现象，及时纠正。待比赛结束后，双方角色互换。

【比赛建议】比赛距离在 15 米左右，太远会影响学生的参与性；比赛过程中，要提示参赛队员脚的位置，只能通过仆步和后插步进行移动；参赛者和裁判员在角色互换时要本着公平公正的原则，不得徇私舞弊。

2. 斗转星移：蹬转比远

【比赛目的】巩固学生对弓步和马步的掌握程度，重点体会步型转换时脚踝蹬转发力的感受，从而提高学生的下肢力量、位移速度，以及上下肢的协调配合能力。

【比赛方法】4 人一组，两人参赛，两人放置泡沫砖，参赛者在同一起点线上做好马步动作，辅助者将泡沫砖立在起点线上且要贴着参赛者的脚外侧，参赛者脚踝蹬转发力，将泡沫砖击出，距离远者胜。（大于等于50厘米得5分，49～30厘米得4分，29～15厘米得2分，15厘米以下得1分）

【比赛建议】在比赛当中将弓步、马步的动作标准贴在展板上，裁判员对参赛者的动作进行评判，比赛结束后参赛者与裁判员互换角色，让每个学生都有不同体验。在比赛过程中要注意站位，注意安全。

个人套路展示赛

选出一等奖4名、二等奖6名、三等奖10名，男生、女生分开评选。（评分标准见表4-2）

集体套路展示赛

评选出一等奖2名、二等奖3名、三等奖5名。评分标准见表4-2。

表4-2　初级套路《一路长拳》评分标准

分值（分）	评价标准
10～8.5	动作正确、精气神饱满、套路熟练、劲力顺达、手眼身法步配合好、步型到位、动作幅度大、功架低、动作完全配合上音乐
8.4～7.5	动作正确、套路较熟练、劲力较顺达、手眼身法步配合较好、动作能配合上音乐、幅度较大，功架偏高
7.4～6	动作基本正确、完成套路质量一般、手眼身法步配合一般、动作基本能配合上音乐、精神面貌较差
5.9～5	套路不够熟练（有遗忘现象，但能够独立完成），手眼身法步配合差、精气神不足
4.9～3	动作不正确、错误和遗忘多、功架很高、幅度小、精神面貌不佳、无法跟上音乐完成整套动作

集体套路创编赛

评选出一等奖2名、二等奖3名、三等奖5名。评分标准见表4-3。

表 4-3 武术集体套路评分标准

评分项目	队列队形	动作规范	进场安静有序	到场整齐有序	退场整齐有序	音乐配合	进场口号	总分（分）
分值（分）	20	30	10	10	10	15	5	100

攻防演练创编赛

评选出一等奖 2 名、二等奖 3 名、三等奖 5 名。评分标准见表 4-4。

表 4-4 对练项目评分标准

内容	分值（分）	要求
动作规格、技法	4	动作规范、技法清楚
配合	2.5	动作真实、配合严密
劲力	1	尽力充足、力点准确
协调性	1	手眼身法步协调性
精、气、神	1.5	精神饱满、神态自然

后记

　　历经几个月的时间，《体育课课赛指导160例》的撰写终于告一段落。看着厚厚的稿件，心中感慨万千。从书稿内容的策划，到撰写和修改，再到最后的汇总和整理，过程中无不渗透着各位老师们的辛勤付出。特别感谢2020—2022年"青蓝计划"小学体育教师培训班的各位老师们，没有你们就没有这本书中的内容。特别感谢秦治军、韩月仓、赵卫新、贾萌四位指导教师，为书稿内容的撰写提供指导和帮助。特别感谢为本书拍摄演示动作的学校和学生们：北京市第八中学附属小学李与夏、张米诺；北京石油学院附属小学孙照函、姚宛彤、安妹羽、于子皓；北京第一师范学校附属小学王梓丹，方祖依、彭菲、吴悠然、王子菲、刘思涵；北京市房山区良乡第四小学刘奕琳、么静桐、齐玥桥、王思燚。有了他们才有了武术课课赛中形象的动作展示。